七大板块全力打造
中小企业金牌人力资源管理专家

中小企业人力资源精细化管理实务全书

ZHONGXIAOQIYERENLI ZIYUAN JINGXIHUAGUANLI SHIWUQUANSHU

王生平◎编著

中国工人出版社

图书在版编目（CIP）数据

中小企业人力资源精细化管理实务全书／王生平编著.
—北京：中国工人出版社，2012.9

ISBN 978－7－5008－5292－6

Ⅰ.①中… Ⅱ.①王… Ⅲ.①中小企业—人力资源管理
Ⅳ.① F276.3

中国版本图书馆 CIP 数据核字（2012）第 213044 号

中小企业人力资源精细化管理实务全书

出 版 人	李庆堂
责任编辑	姚 远 李素素
责任校对	孙乃伟
责任印刷	马东旭
出版发行	中国工人出版社（北京市东城区鼓楼外大街 45 号 邮编：100120）
网 址	http://www.wp-china.com
电 话	010-62350006（总编室） 010-62382376（职工教育分社） 010-82075964（传真）
发行热线	010-62005996 82075964（传真）
读者服务	010-62389465
经 销	各地书店
印 刷	三河市东方印刷有限公司
开 本	787 毫米 ×1092 毫米 1/16
印 张	16
字 数	280 千
版 次	2012 年 10 月第 1 版 2012 年 10 月第 1 次印刷
定 价	38.00 元

前　言

中国作为全球制造业大国之一，经受着全球金融危机带来的前所未有的震荡洗牌。在这场危机中，中国中小企业得到了锻炼和提升，也促使产业进一步升级，淘汰落后的产能和简单的管理方法，使企业更具竞争力。

伴随着长期经济增长而出现的成本增长，想要长时间维持低成本并不现实。中小企业正经历着从巅峰到稳定的过渡阶段，这个阶段过后，中国中小企业必将是这样的情景：企业数量显著减少，规模稳中有升。在这个优胜劣汰的过程中，中小企业想要生存下来，关键还是要提高管理能力，优化管理方案，进行精细化管理，向管理要效益。

中小企业的生产运作活动，是一个“投入—变换—产出”的过程，即投入一定的资源（如物料、机器、信息、技术、资金等），经过一系列或多种形式的变换，使其价值增值，最后以某种形式提供给社会。也可以说，是一个社会组织通过获取和利用各种资源向社会提供有用产品的过程。在这个过程中，可变动的主要是人员、方法和环境，不可变动的是机器和物料。那么怎样才能提升产能、增加效益呢？就要在可变动的人员、方法和环境方面下工夫，也就是进行精细化管理，使管理渗透到每一个环节中。

基于此，我们根据多年的从业经验，编写了这套“中小企业精细化管理实务丛书”，首批推出《中小企业人力资源精细化管理实务全书》《中小企业质量精细化管理实务全书》和《中小企业采购精细化管理实务全书》，旨在从中小企业亟须的人力资源管理、质量管理、采购管理三个方面，也就是人力资源成本、质量意识、采购成本三个最容易出现问题的方面给企业管理者提供一个解决方案和参考。

◇《中小企业人力资源精细化管理实务全书》主要包括人力资源管理中的人力资源规划与组织设计、员工招聘管理、员工考勤与异动、员工培训与发展、绩效考核与激励、员工薪酬与福利、员工关系管理。

◇《中小企业质量精细化管理实务全书》涵盖质量管理体系建设、来料检验作业控制、生产过程检验控制、出货质量控制、不合格品控制、质量成本控制。

◇《中小企业采购精细化管理实务全书》从采购计划与预算管理、采购谈判管理、采购合同管理、订单跟催管理、供应商管理、采购质量控制、采购成本控制七个角度予以分析。

“中小企业精细化管理实务丛书”从精细化管理的角度，详细阐述中小企业中常见的人力资源管理、质量管理、采购管理三大板块的全程管理。从每个板块精细化管理所涉及的管理要点、管理流程、管理制度、管理表格、问题解答五个模块分别予以解析，以此为中小企业各级管理人员提供操作指南和借鉴，是中小企业各级管理人员的行动指南。

“中小企业精细化管理实务丛书”的编写获得了多家培训机构、咨询机构及企业一线管理者的支持和配合，参与编写和提供资料的有刘军、李辉、李强、李景吉、江美亮、杨冬琼、匡仲潇等，最后全书由王生平统稿、审核完成。在此，编者对他们所付出的努力及鼎力支持表示感谢。另外，本书还参考了相关书籍和行业网站的信息与资料，在此一并表示感谢！

目 录

第一章 走进精细化管理

第二章 人力资源规划与组织设计

第六章 绩效考核与激励

第八章　员工关系管理

第一章

走进精细化管理

内容提示　>>>

◇精细化管理简述

◇中小企业的浪费现状

◇如何推动精细化管理

第一节　精细化管理简述

内容01：精细化管理定义

精细化管理的精细在于：企业内部凡有分工协作和前后工序关系的部门与环节，其配合与协作需要精细；与企业生存、发展环境的适宜性需要精细；与企业相关联的机构、客户、消费者的关系需要精细。

所谓“精”，就是要有精髓、有主干、有中心主题、有行动策略。

所谓“细”，就是要有制度、有流程、有标准、有方法、有步骤、有工具。

所谓“化”，就是自我改善和调整能力。

对于中小企业人力资源管理来说，“精”就是要做到有人力资源规划。对于重点目标要有适应性的人力资源规划，其内容包括：招聘策略、培训策略、绩效策略、薪酬激励策略、职业发展策略等。

对于中小企业人力资源管理来说，“细”就是要建立和完善各项人力资源管理制度，包括招聘制度、培训制度、绩效制度、薪酬制度、职业发展体系等。同时，要涵盖具体操作流程、表单等。

精细化中的“化”，就是每项制度流程里面，都要规定相应的更新完善机制，实现企业战略规划更新和调整机制。

内容02：精细化管理内容

精细化管理是一个全面化的管理模式。全面化是指精细化管理的思想和作风要贯彻到整个企业的所有管理活动中。

1. 精细化的操作

企业活动中的每一个行为都有一定的规范和要求。每个员工都应遵守规范，从而让企业的基础工作更加正规化、规范化和标准化，为企业拓展提供可推广性、可复制性。

2. 精细化的控制

精细化控制是精细化管理的一个重要方面。它要求企业业务的运作要有一个流程，要有计划、审核、执行和回顾的过程。控制好了这个过程，就可以大大减少企业的业务运作失误，杜绝部分管理漏洞，增强流程参与人员的责任感。

3. 精细化的核算

精细化的核算是管理者清楚认识企业经营状况的必要条件和最主要的手段。这就要求企业的经营活动凡与财务有关的行为都要记账、核算。通过核算可发现经营管理中的漏洞和缺陷，减少企业利润流失。

4. 精细化的分析

精细化的分析是企业取得核心竞争力的有力手段，是进行精细化规划的依据和前提。精细化分析主要是通过现代化的手段，将经营中的问题从多个角度、多个层次去展现、去跟踪，通过精细化分析、研究提高企业生产力和利润的方法。

5. 精细化的规划

精细化的规划是很容易被管理者忽视的一个问题，精细化规划是推动企业发展的一个至关重要的关键点。精细化的规划是指企业所制定的目标和计划都是有依据的、可操作的、合理的和可检查的。

内容03：精细化管理成效

精细化管理的目标是：企业在为客户提供满意的产品与服务的同时，把成本降到最低程度。中小企业通过实施精细化管理，可以达到如下效果：

1. 消除浪费，效率提升

以精细化管理思路指引，通过对浪费点的识别和消除，将管理目标层层分解和传递，促使管理流程不断优化完善，最终使员工的责任更加明确、工作规范更加具体，从而使员工能够有效承担起各自责任，工作效率明显提高。

2. 管理思维转变，工作方法改进

通过持续的精细化管理循环，中小企业的管理者可以及时发现管理中存在的问题，有利于及时改进管理方法，消除管理漏洞，提高管理绩效。

3. 员工素质提高，促进共同发展

通过员工的广泛参与精细化管理实践，培育员工“消灭浪费、精细做事、全员改善”的管理理念，使员工在推行精细化管理的同时，感受到企业管理的氛围，进而促进员工树立精细思想、质量意识，提高员工发现问题、解决问题的能力，进而整体提升员工综合素质，有利于增强基层员工管理能力，有利于企业后备人才的培养。

第二节　中小企业的浪费现状

现状01：配置的浪费

1. 什么是配置的浪费

配置的浪费是指中小企业在组织结构的设置、人员的配置、固定资产的配置方面出现了闲置、多余和不必要行为与现象所造成的浪费。

闲置的资产需要花时间、人力与财力维护，闲置的组织与人员还会引起各种纠纷，这些都会进一步浪费企业的资源。

2. 配置的浪费的表现

中小企业配置的浪费表现主要在三个方面，如表1-1所示。

表1-1　　配置的浪费

序号	类别	原因或现象说明
1	固定资产的浪费	无法投入使用的设备与空间。
2	人力资源的浪费	闲置人员，人员之间分工不明，责任不清。
3	组织结构的浪费	闲置组织或部门职能交叉重合。

现状02：计划的浪费

1. 什么是计划的浪费

计划的浪费指的是中小企业在计划的制订、准备、追踪、审核都不到位，造成人力资源、物料资源、时间资源的极大浪费，大大增加企业的经营成本。

2. 计划的浪费的表现

中小企业计划的浪费表现在四个方面，如表1-2所示。

表1-2　　计划的浪费

序号	类别	原因或现象说明
1	计划的制订缺乏科学性	管理者能力缺失，制订计划无科学依据，未采用科学方法、工具，并且随意更改计划。
2	无实施准备	没有事先配置合理的人力资源、物料、机器，技术等资源，导致计划无法实施。
3	执行与跟踪核查不到位	缺少对实施过程的跟踪、考核，不了解实施进度，进而督促员工完成任务。
4	缺乏成本收益核算	实施计划需要耗费成本，如果收益少于成本，则实施此类计划对企业而言只能是一种浪费。

现状03：流程的浪费

1. 什么是流程的浪费

流程的浪费指的是中小企业由于流程混乱、重叠、交叉，导致员工在运用时没有明确的执行标准，从而使流程无法落实。

2. 流程的浪费的表现

中小企业流程的浪费主要表现在三个方面，如表1-3所示。

表1-3　　流程的浪费

序号	类别	原因或现象说明
1	流程职责混乱	流程环节无明确的标准、责任人，未设置合适的表单及标准。
2	流程重叠、交叉	不同的流程实现相同的目的，或者流程目标含糊不清。
3	流程制度无法落实	因种种原因，设定的流程在实施过程中被忽略或者有意无意地被践踏、抵制。

现状04：信息的浪费

1. 什么是信息的浪费

信息的浪费指的是中小企业由于执行者缺少必要的信息、部门信息相互保密、缺少统一管理，造成执行者无法第一时间得到信息，为别的部门设置行动障碍，员工经验没有分享的行为和表现。

2. 信息的浪费的表现

中小企业信息的浪费表现在三个方面，如表1-4所示。

表1-4　　信息的浪费

序号	类别	原因或现象说明
1	执行者缺少必要的信息	比如，生产线不能及时得知原料到货信息，则班组的生产计划成为空话。
2	信息互相保密	部门之间的信息互相保密，各自为别的部门设置行动障碍。
3	缺少统一管理	员工在工作中所获得的经验、教训与知识、方法一直为个别员工拥有，未被整理与分享，真正成为企业的资源。

现状05：沟通的浪费

1. 什么是沟通的浪费

沟通的浪费指的是中小企业人员由于沟通不到位，造成工作指令不能及时、清晰地传达到位，造成执行者的等待。

2. 沟通的浪费的表现

中小企业沟通的浪费主要表现在两个方面，如表1-5所示。

表1-5　　沟通的浪费

序号	类别	原因或现象说明
1	等待命令的浪费	工作指令是企业运营的重要信息，却因种种原因不能及时、清晰地传达到位，造成执行者的等待，这样的等待是极大的浪费。
2	协调不利的浪费	人员之间性格各异、背景不同、表达方式不同、利益与立场不同，在交流中对信息的理解出现误差，导致企业的损失

当然，中小企业这些浪费情况的改变，并不是一朝一夕的事情，也不是某个员工或某个部门的事情，它需要企业的所有人员共同努力，才能实现最终本质上的转变，从而最终实现减少企业的浪费，创造更大的效益。

第三节 如何推动精细化管理

方法01：领导者要有决心

一个企业要做到精细化管理，关键是领导者的决心。精细化管理不是一蹴而就的。领导者要对精细化管理的推行提供足够的支持，包括人力、物力、财力，尤其是执行力，领导者要树立表率，提供资源，排除障碍。

方法02：提高管理者认识

（1）各级管理者的重视与责任是推进精细化管理的关键，因此领导应对员工进行业务流程再造、工作标准梳理等精细化管理方式的培训，使员工能够充分理解精细化管理的内涵及工作思路。

（2）在激励机制上对消除管理浪费、提升工作绩效的员工建立奖励机制，推动员工参与精细化管理的工作动力。

（3）在导入精细化管理时要注意分析、听取员工的意见，最大限度地调动员工的积极性和主动性。

方法03：找准精细化切入点

实施精细化管理是渐进的过程。以消除工作流程中的浪费为例，首先需要系统地梳理管理中存在的问题，识别各种浪费；其次要围绕资源浪费、管理不畅的流程节点进行系统分析，制定整改措施；最后要明确责任人，确定阶段性工作目标、落实整改。可设定精细化管理项目，就各自负责的业务流程优化为切入点，确定管理课题，组织对口基层工作人员开展“消除浪费、优化流程”“精细化管理小组”等活动，并将精细化管理实施与个人月度绩效考核挂钩，激励各部门不断推进精细化管理。

方法04：要树立标杆

可以选择有代表性的区域或产品优先进行推行，“集中优势兵力打歼灭战”。对标杆要加以“保护”，经常宣传，营造改进的氛围和争先的势头。

方法05：形成全员参与和持续改进的文化

在推行中不断细化和优化相关的精细化管理原则、方法、工具，以及专业团队的建设发展；将优化的工作流程进行标准化，变成日常的工作方式，从而逐步提高，形成企业的精细化文化。

第二章

人力资源规划与组织设计

内容提示 >>>

◇管理要点

◇管理流程

◇管理制度

◇管理表格

◇问题解答

第一节　管理要点

要点01：人力资源规划

人力资源规划是对组织现在与未来各时期各种人力与工作量的关系进行预测、分析和评估，并据此编制人力资源计划，以确保必要时可以获得必要数量和相应技能员工的过程。

要点02：人力资源规划分类

1. 规划时间期限分类

人力资源规划根据规划时间期限，可以分为三类，具体如图2-1所示。

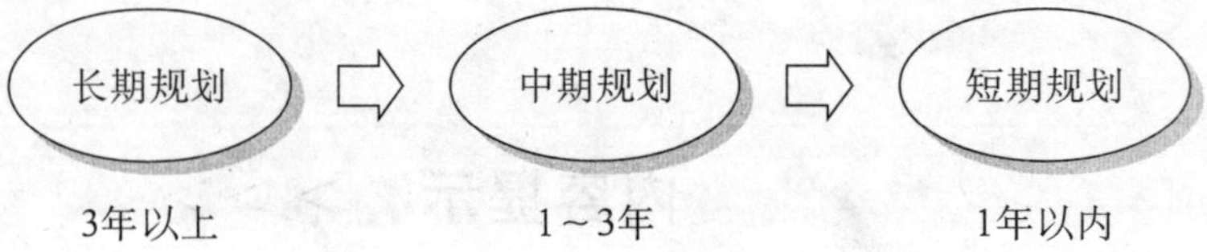

图2-1　人力资源规划分类（规划时间）

2. 规划范围

人力资源规划，根据规划范围，同样可以分为三类，具体如表2-1所示。

表2-1　人力资源规划分类（规划范围）

序号	类别	说明
1	整体规划	整个组织未来一定时期的人力资源平衡计划，具有战略性、总体性。
2	部门规划	组织各个职能部门落实组织规划中，根据自身特点制订本部门未来人力资源平衡计划，具有组织规划具体化、内容专一性强。
3	项目计划	某项具体任务的计划，为某种特定任务制订。

要点03：人力资源规划主要项目

人力资源规划主要项目，主要包括以下六个方面：

1. 预测未来的组织结构

当外部环境的变化，将影响整个企业组织结构时，应对未来企业组织结构进行预测评估。因为企业的组织结构是企业组织内部分工协作的基本形式或框架。在这里，对企业的组织结构进行简单的介绍。一般情况下，企业组织结构包括以下六种，如表2-2所示。

表2-2　企业组织结构

序号	类别	说明	优点	缺点	适用范围
1	直线制	领导关系按垂直系统建立，不设专门的职能机构。	结构简单、指挥系统清晰、统一；责权关系明确；横向联系少，内容协调容易；信息沟通迅速，解决问题及时，管理效率比较高。	缺乏专业化的管理分工，不利于集中精力研究企业管理的重大问题。	规模较小或业务活动简单、稳定企业。
2	职能制	设立职能机构，且职能机构有指挥权。	适应组织规模扩大，管理复杂的要求，形成了独立的管理层。	多头领导，管理层与职能层协调困难。	大型企业，多品种生产。
3	直线职能制	以直线制为基础，在厂长（经理）领导下设置相应的职能部门，实行经理统一指挥与职能部门参谋、指导相结合的组织结构形式。	一种集权和分权相结合的组织结构形式，统一指挥，引入管理工作专业化的做法，发挥职能部门的参谋、指导作用。	无暇顾及企业面临的重大问题。	大、中型企业。
4	事业部制	分权制结构。遵循“集中决策，分散经营”的原则。	权利下放；主动性和创造性提高，提高企业经营适应能力；实现高度专业化；责任和权限明确，物质利益和经营状况挂钩。	组织机构重叠，管理人员膨胀，忽视企业整体利益。	经营业务多样化，市场环境差异大，具有较强适应性的企业。
5	矩阵制	专门从事某项工作的工作小组形式发展而来的，工作小组是由一群不同背景、不同技能、不同知识和分别选自不同部门的人员组成。	有利于各部门之间的沟通，组织结构有利于任务的完成，有较好的适应性。	双重结构易产生责任不清等。	需要集中各方面专业人员完成的工作项目。

2. 晋升规划

晋升规划包括拟定员工提升政策和晋升路线，包括晋升比例、平均年薪、晋升时间、晋升人数等指标。对企业来说，有计划地提升有能力的人员，以满足职务对人的要求，是组织的一项重要职能。

在实施中，人力资源部根据人事测评、员工培训、绩效考核的结果，以及企业实际需要对各个结果赋予相应的权重系数，得出各个职位的晋升人员次序。

3. 补充规划

企业员工由于各种原因会一直处于动态变化过程中，所以，人员的补充规划是人力资源规划的重要内容。

一般说来，企业在四种情况下有补充员工的需要：

（1）自然减员。如员工退休、死亡或丧失劳动能力等。

（2）离职现象。如由于员工的跳槽而引起的职位空缺。

（3）技术和管理革新。由于企业生产技术的改进或管理系统的改进而引起的相应新专业技术人才的补充需求。

（4）规模扩大。企业扩大生产和经营规模所必然带来的人员需求。

4. 培训规划

培训规划的目的，是为企业中、长期所需弥补的职位空缺事先准备人员。培训规划是在对企业所需技术和知识进行评估的基础上，规划有关员工培训各项工作的人力资源业务计划。

现在，培训规划越来越受到管理者的重视，主要包括以下两个方面的原因：

一是由于新技术的飞速发展，员工原有的知识结构、技术水平和管理能力等各方面老化速度加快，制定适合企业发展的培训规划已成为企业的当务之急。

二是培训规划逐渐成为企业吸引力的来源。对于知识型员工来说，其更关注个人素质的不断提高。如果企业为他们提供良好的培训规划，无疑对其是极具吸引力的。

5. 调配规划

企业组织内的人员在未来职位的分配，是通过有计划的人员内部流动来实现的。这种内部的流动计划就是调配规划，如轮岗、人力使用计划等。在制定调配规划时，应注意解决两个问题：

（1）当上层职位较少而待提升人员较多时，则通过调配规划增强流动。这样，不仅可以减少员工对工作单调、枯燥乏味的不满，又可以等待上层职位空缺的出现。

（2）在超员的情况下，通过调配规划可改变工作的分配方式，从而减少负担过重的职位数量，解决工作负荷不均的问题。

人力规划不仅要满足未来人力的需要，更应该对现有人力做充分的运用。人力运用涵盖的范围很广，而其关键在于“人”与“事”的圆满配合。人力使用主要包括职位功能及职位重组、工作指派及调整、升职及选调、职务丰富化、人力检查及调节等几项内容。

6. 工资规划

工资规划的目的是为了确保未来的人工成本不超过合理的支付限度。未来的工资总额取决于企业组织内的员工是如何分布的。不同分布状况的人工成本有很大的差异。

要点04：人力资源规划编制步骤

1. 企业人力资源评估

企业人力资源评估主要包括以下几个方面：

(1) 员工年龄结构分析与评估。

(2) 员工性别比例分析与评估。

(3) 员工工作经验的分析和评估。

(4) 员工学历结构的分析和评估。

(5) 员工知识水平、能力水平的分析与评估。

2. 预测企业未来人力资源需求

人力资源需求预测主要是根据企业的战略目标和规模变化来进行预测的，可以根据时间的跨度相应地采用不同的方法，具体包括：经营业绩预测法、平均业务预测法、利润曲线推算法。

3. 进行人力资源供需分析和比较

企业在不同时期对人力资源的需求量总是在不断发生变化的。

(1) 当工作总量降低时，人力资源的需求量减少。

(2) 当工作总量增加时，人力资源需求量会加大。

人力资源部应对企业的人力资源需求量和供应量（内部供应或外部供应）进行分析和比较，找出人力资源供需的过剩期和短缺期。

4. 制订计划并提出解决措施

制订计划并提出解决措施，如表2-3所示。

表2-3　　解决措施

问题类别	政策措施
人员短缺	（1）培训企业员工，对受过培训的员工根据情况择优提升补缺，并相应提高其工资等待遇。 （2）进行平行性岗位调动，适当进行岗位培训。 （3）延长员工工作时间或增加工作负荷量，给予超时超负荷的奖励。 （4）重新设计工作以提高员工的工作效率。 （5）雇用全日制临时工或非全日制临时工。 （6）改进技术或流程。 （7）制定招聘政策，向企业外进行招募。 （8）采用正确的政策和措施调动现有员工的积极性。
内部资源过剩	（1）永久性地裁减或辞退员工。 （2）关闭一些不赢利的部门或机构。 （3）缩编人员。 （4）重新培训、调往新的岗位或适当储备一些人员。 （5）减少工作时间。 （6）由两个或两个以上人员分担一个工作岗位，并相应地减少工资。

要点05：人力资源需求预测

1. 人力资源需求影响因素

（1）组织内部因素：企业生产技术与设备的更新，企业规模的变化，企业经营方向的变化。

（2）组织外部环境因素主要包括：经济环境（经济周期、产业结构、通货膨胀等），社会、政治和法律环境（社会人文、国家政治体制、户籍管理制度、社会保障法等），劳动力市场（劳动力供求对比状况，劳动报酬水平、劳动力素质等），技术进步（影响人力资源的素质要求和专业结构），外部竞争者（竞争归根结底是人才的竞争，影响员工招聘、待遇、使用等）五个方面。

（3）人力资源自身因素：企业现有员工的素质、结构、流动以及过剩与短缺状况将会影响人力资源需求。

2. 人力资源需求预测方法

（1）增基预测法。以组织现在员工数量为基础来预测未来对员工的需求，只对新增减职位进行审议。优点是简便，成本低，缺点是容易导致人员膨胀。

（2）经验预测法。利用现有情报和资料，根据有关人员的经验，结合本公司的特点，对公司未来人力资源需求加以预测。该方法对人员需求预测取决于管理者主观判断。经验预测法可以采用“自下而上”和“自上而下”两种方式。

①“自下而上”是由直线部门的经理向自己的上级主管提出用人要求和建议，征得上级主管的同意。

②“自上而下”是由公司经理先拟定出公司总体的用人目标和建议，然后由各级部门自行确定用人规划。

当然，最好是将“自下而上”与“自上而下”两种方式结合起来运用。

（3）德尔菲法。德尔菲法是20世纪60年代初美国兰德公司的专家们，为避免集体讨论存在的屈从于权威或盲目服从多数的缺陷，提出的一种定性预测方法。为消除成员间的相互影响，参加的专家可以互不了解。它运用匿名方式反复多次征询意见和进行背靠背的交流，以充分发挥专家们的智慧、知识和经验，最后汇总得出一个能反映群体意志的预测结果。德尔菲法实施步骤为：

①组成专家小组；

②向所有专家提出所要预测的问题及有关要求；

③各个专家提出自己的预测意见；

④将各位专家第一次判断意见进行汇总，列成图表，进行对比，再分发给各位专家；

⑤将所有专家的修改意见收集起来，汇总，再次分发给各位专家，以便做第二次修改。这一过程重复进行，直到每一位专家不再改变自己的意见为止；

⑥对专家的意见进行综合处理。

（4）工作负荷法。工作负荷法，即按照历史数据，先算出对某一特定工作每单位时间（如每天）的每人的工作负荷（如产量），再根据未来生产量目标（或劳务目标）计算出所完成的总工作量，然后根据前一标准折算出所需的人力资源数。

要点06：工作岗位分析

工作岗位分析是指对组织中各类工作岗位性质任务、职责权限、岗位关系、工作条件与环境，以及承担本岗位任务应该具备的资格条件等进行系统研究，并制定出工作说明书等岗位人事规范过程。工作分析的结果，如图2-2所示。

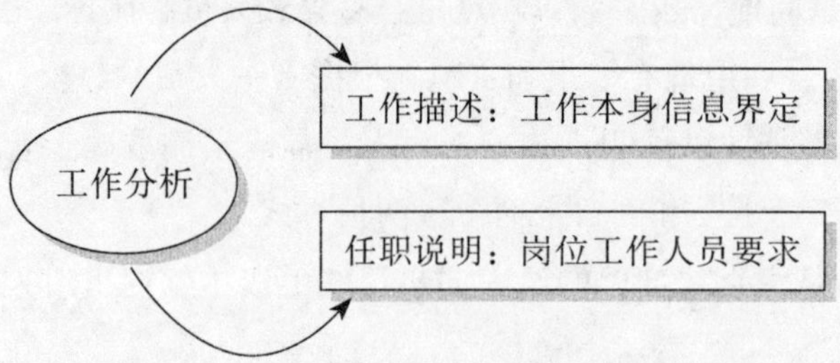

图2-2 工作分析的结果

1. 工作岗位分析项目

工作岗位分析项目，如表2-4所示。

表2-4 工作岗位分析项目

序号	项目类别	具体内容
1	工作描述	（1）岗位时空界定。 （2）岗位内在活动内容分析，主要包括名称、性质、任务、权责、程序、工作对象与工作资料、岗位相互联系与制约方式等。
2	任职说明	（1）任职者生理、心理、知识与技能要求。 （2）任职者职业道德与态度等要求。
3	形成规范性文件	如岗位规范、工作说明书等。

2. 工作岗位分析作用

（1）人力资源规划（尤其是供需预测）的基础。

（2）员工招聘、选拔与任用的基础。

（3）有利于组织改进工作设计、优化劳动环境。

（4）为考评、晋升提供依据。

（5）工作岗位评价的基础；合理奖酬制度的基础。

（6）有利于员工的职业生涯管理。

3. 工作岗位分析四个阶段

工作岗位分析主要包括四个阶段，如表2-5所示。

表2-5　　工作岗位分析四个阶段

序号	阶段	具体内容
1	准备阶段	（1）根据分析总目标与任务，了解岗位现状。 （2）设计调查方案。 （3）做好思想工作，与员工建立联系。 （4）根据程序分解任务。 （5）组织学习调查内容、步骤与方法。
2	调查阶段	（1）调查方法选择：文献法（书面资料）、问卷法、访谈法、关键事件法、工作日志法、观察法、实验法、参与法。 （2）资料搜集内容：岗位识别信息；岗位任职信息比如任务、责任、权限；岗位任职资格条件信息比如劳动负荷、生理、心理环境、劳动条件等。
3	总结分析阶段	（1）对调查结果进行深入细致分析。 （2）采用文字、图表等方式，作出全面归纳与总结。 （3）在归纳总结基础上撰写工作说明书、岗位规范等人力资源管理规章制度。
4	工作说明书起草与修改	（1）在全面岗位调查基础上起草工作说明书草稿。 （2）岗位分析专家专题研讨，提出修改意见。 （3）工作说明书审批稿形成。 （4）企业审批。 （5）颁布实施。

要点07：工作岗位设计

1. 改进岗位设计作用

工作岗位的设计应当满足：

（1）企业劳动分工与协作的需要。

（2）企业不断提高生产效率，增加产出的需要。

（3）从事劳动活动在生理上、心理上的需要。

工作岗位设计的中心任务是为企业人力资源管理提供依据，实现“位得其人，人尽其才，适才适所，人事相宜”。

2. 工作岗位设计原则

明确任务目标原则，以公司目标为依据；分工与协作原则，部门划分、业务归口应兼顾专业分工及协作配合，权、责、利对等，整体协调；统一领导和分级管理原则；精干实效的原则；有效管理幅度原则；统一指挥的原则。

3. 岗位设计基本内容

(1) 扩大工作范围。丰富工作内容，合理安排工作任务，可以经由工作扩大化、工作丰富化两种途径达到这一目标。

(2) 工作满负荷。每一岗位的工作量应当满负荷，使有效的工作时间得到充分的利用。

(3) 工作环境的优化。利用现有科学技术，改进工作环境中的各种因素，使之适合企业员工的生理和心理需要，建立“人、机、料、法、环”协调的良好系统。

要点08：组织结构设计

1. 组织架构设计程序

企业组织架构的设计程序，如表2–6所示。

表2-6　组织架构设计程序

序号	程序	说明
1	职能分析	在确定管理职能极其结构的基础上，进行层层分解，将具体内容细化到各项管理业务和日常工作中，最后进行管理业务的总体设计。
2	组织结构框架设计	对各个管理层次和部门、岗位极其责任权利进行设计，具体的表现以企业组织系统图的形式进行。
3	联系方式设计	进行渠道控制、信息交流、综合反馈、协调等方式和制度的设计。
4	管理规范设计	进行管理工作流程、管理工作标准和管理工作方法的设计，以作为管理人员的行为规范。
5	人员配备和培训设计	根据结构设计的具体内容，定质定量地配备各级各类管理人员。
6	运作制度的设计	设计管理部门和工作人员绩效考核制度，设计以精神鼓励和工资奖励制度两种形式进行。
7	反馈和修正设计	将运行过程中的信息及时进行反馈，定期或不定期对上述设计进行必要的修正，以达到设计的合理性、规范性、效率性。

2. 组织架构设计原则

企业组织架构的设计一般应遵循以下四项原则。

（1）指挥统一原则。就是指一个人只能有一个直接上司。

（2）控制幅度原则。一般管理跨度比较合适的是五六个人。越是到基层，管理的跨度就越大；越是到高层，管理的跨度越要变小。

（3）分工原则。即保证组织架构内各个职务分工清晰，而且保证各个岗位之间不会混淆，各部门各司其职。

（4）部门化原则。部门化就是把分工所产生的专业技术员工集中于一个部门，由一个经理人来领导，以减少浪费。

要点09：人力资源费用预算审核

1. 审核人力资源费用预算基本要求

人力资源费用预算的审核是指在一个生产周期内对各项人力资源费用的预算进行审核，以保证其符合政府有关规定及企业自身发展要求，并为企业人力资源下期费用规划提供依据。

审核人力资源费用预算基本要求，如表2-7所示。

表2-7　　审核人力资源费用预算基本要求

序号	要求类别	具体内容
1	确保人力资源费用预算的合理性	（1）各项内容应按照政府有关部门定期发布工资指导线、消费者物价指数、最低工资标准、劳动争议处理办法等参照指标进行预算。 （2）兼顾企业自身发展情况。
2	确保人力资源费用预算的准确性	（1）掌握预算及核算的相关知识，对数字进行重新核算。 （2）对各项发生费用进行分析，使费用规划具有准确性。
3	确保人力资源费用预算的可比性	（1）定期进行市场调查，形成同行业、各项目之间的比较。 （2）完成一个生产周期内本企业各项费用的计划与实际对比、分析，为企业人力资源费用规划的动态调整提供依据。

2. 审核人力资源费用预算基本程序

人力资源费用预算，是企业在一个生产经营周期（一般为一年）内，人力资源全部管理活动预期费用支付的计划。在审核下一年度的人工成本预算时应注意以下几点：

（1）检查项目是否齐全，尤其是分支项目。

（2）关注国家有关政策的变化是否涉及人员费用项目的增加或废止。

（3）关注企业在调整人力资源某种政策时可能会涉及人员费用增减问题。

3. 审核人工成本预算方法

（1）注重内外环境变化，进行动态调整。

①关注政府有关部门发布的年度企业工资指导线，用基准线、预警线、控制下线来衡量企业生产经营状况，以确定工资增长幅度，维护企业和员工双方各自合法权益。

②定期进行劳动力工资水平的市场调查，了解同类企业各类劳动力工资价位的变化情况，掌握劳动力市场工资水平的上限、中线和下线，由此确定本企业工资水平处在何种位置上，对内是否公平合理，对外是否具有竞争力。以此为依据，决定是否应当调整本企业工资及具体调整幅度。

③关注消费者物价指数，一般用同比办法，就是用当年当月物价与上年同月比较，确定物价指数是上升还是下降。为了不使员工生活水平降低，在物价指数上升时，工资应进行调整。

（2）注意比较分析费用使用趋势。在审核下一年度的人工成本预算时，先将本年度的费用预算和上一年度的费用预算，以及上一年度费用结算和当年已发生的费用结算情况统计清楚，然后比较分析，从预算与结算的比较结果，分析费用使用趋势，再结合上一年度和当年生产经营状况以及下一年预期的生产经营状况进行分析。

（3）保证企业支付能力和员工利益。预算人工成本在企业经营预算中的额度，以保证企业的支付能力和员工利益的实现。企业在做经营预算中有两个公式，也就是两种模式：

$$收入-利润=成本$$

$$收入-成本=利润$$

这两个公式代表了两种经营思想：

第一个公式实际上表达了“算了再干”，也就是企业在预测市场状况后，应得到总收入，首先保证利润，当然利润应是合情合理的，而不能竭泽而渔。余下的是企业生产经营成本。

第二个公式实际上表达了“干了再算”的思想，也就是企业在预测了市场状况后应得到的总收入，首先扣除企业生产经营成本，利润剩下多少是多少。

在这两个公式中，成本与利润之间呈现出的是此消彼长的反比状态。当然这两个公式不能决然分开，而是交互使用。不过，大多数企业采用的是“收入-利润=成本”的模式，其可以使企业有序经营，防止了人为的随意性。

人工成本是企业的直接成本，它是影响企业能否正常经营的关键因素之一。人工成本在直接成本中占多大的比例，在总成本中又占多大的份额呢?各个企业的性质不同，经营观念不同，它是有很大区别的，如生产型的企业，人工成本比例就低于科研生产型企业，而商业型企业的人力资源费用又低于生产型企业的人力资源费用。

人工成本在直接成本或企业总成本中占多少比例和份额没有统一的定式，企业要根据具体情况具体分析。总之，企业要根据对外具有竞争性、对内具有公平性的原则，有效地控制住工资增长水平，以及人工成本的比例，使人力资源费用能适应人力资源战略发展需要。

最后，审核人工成本的预算，也应与人力资源规划工作结合起来。人工成本的总预算是由人力资源规划和企业人员工资水平两个重要因素决定的。因此，费用预算的审核，实际上是对企业人员的结构和数量的审核。

要点10：人力资源费用支出控制

1. 人力资源费用支出控制的作用

（1）是在保证员工切身利益，工作顺利完成前提下，使企业达成人工成本目标的重要手段。

（2）是降低招聘、培训、劳动争议等人力资源管理费用的重要途径。

（3）为防止滥用管理费用提供了保证。

2. 人力资源费用支出控制原则

人力资源费用支出控制需要遵循及时性、节约性、适应性、权责利相结合的原则。

（1）及时性原则。人力资源费用支出的控制，能及时发现费用预算与实际支出之间的差异，可以结合有关制度规定的标准及时调整、消除偏差，减少失控期间的损失。

（2）节约性原则。在控制招聘、培训、劳动争议处理等人力资源管理费用支出时，通过切实有效的控制活动降低成本，使费用利用价值最大化。

（3）适应性原则。随着时间的推移和内外部条件的变化，使人力资源费用支出控制适应这种变化，并能在变化的条件下较好的发挥控制作用。

（4）权责利相结合原则。实施人力资源费用支出的控制时，严格把握各项费用的出处及去向，各部门以及个人在使用费用的同时，也有责任充分利用，使之发挥作用。

3. 人力资源费用支出控制程序

（1）制定控制标准：充分论证的结果。

（2）人力资源费用支出控制的实施：将控制标准落实到子项目中；控制支出过程，严格遵守控制标准。

（3）差异处理：分析实际情况与标准差异的原因所在，坚持标准；或者修正标准。

第二节　管理流程

流程01：年度工作计划管理流程

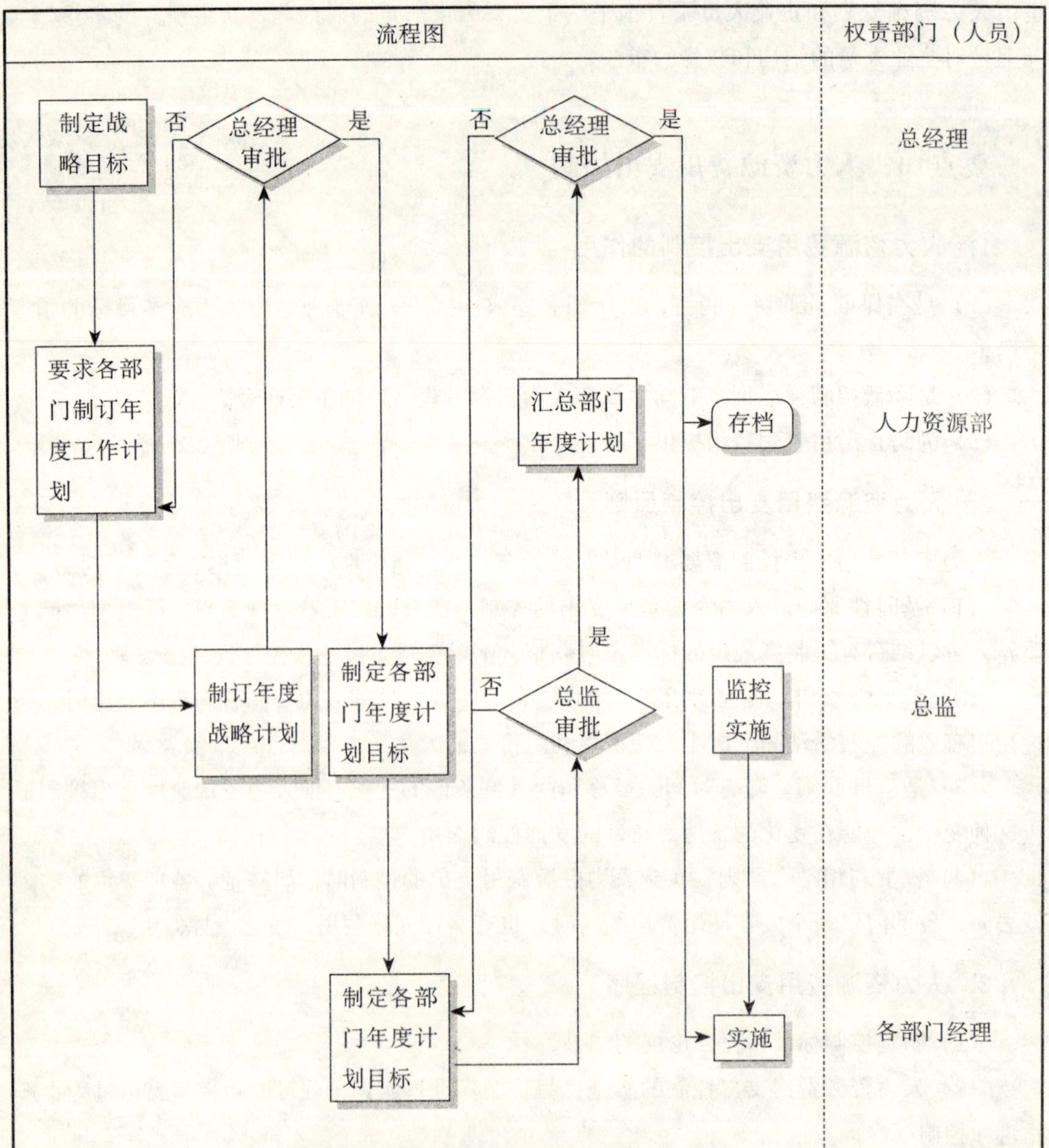

年度工作计划管理流程图

流程02：人力资源规划流程

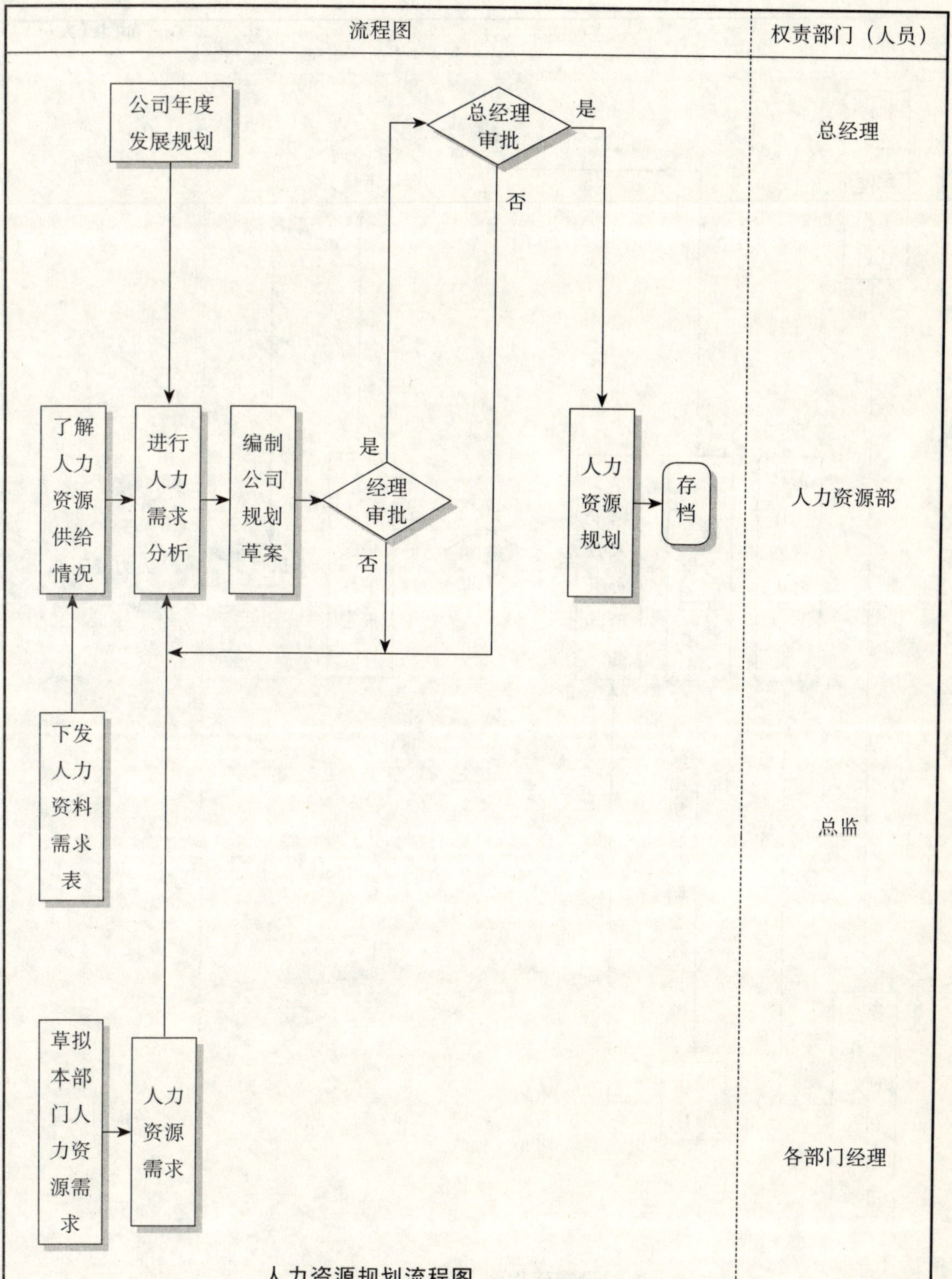

人力资源规划流程图

流程03：岗位设置流程

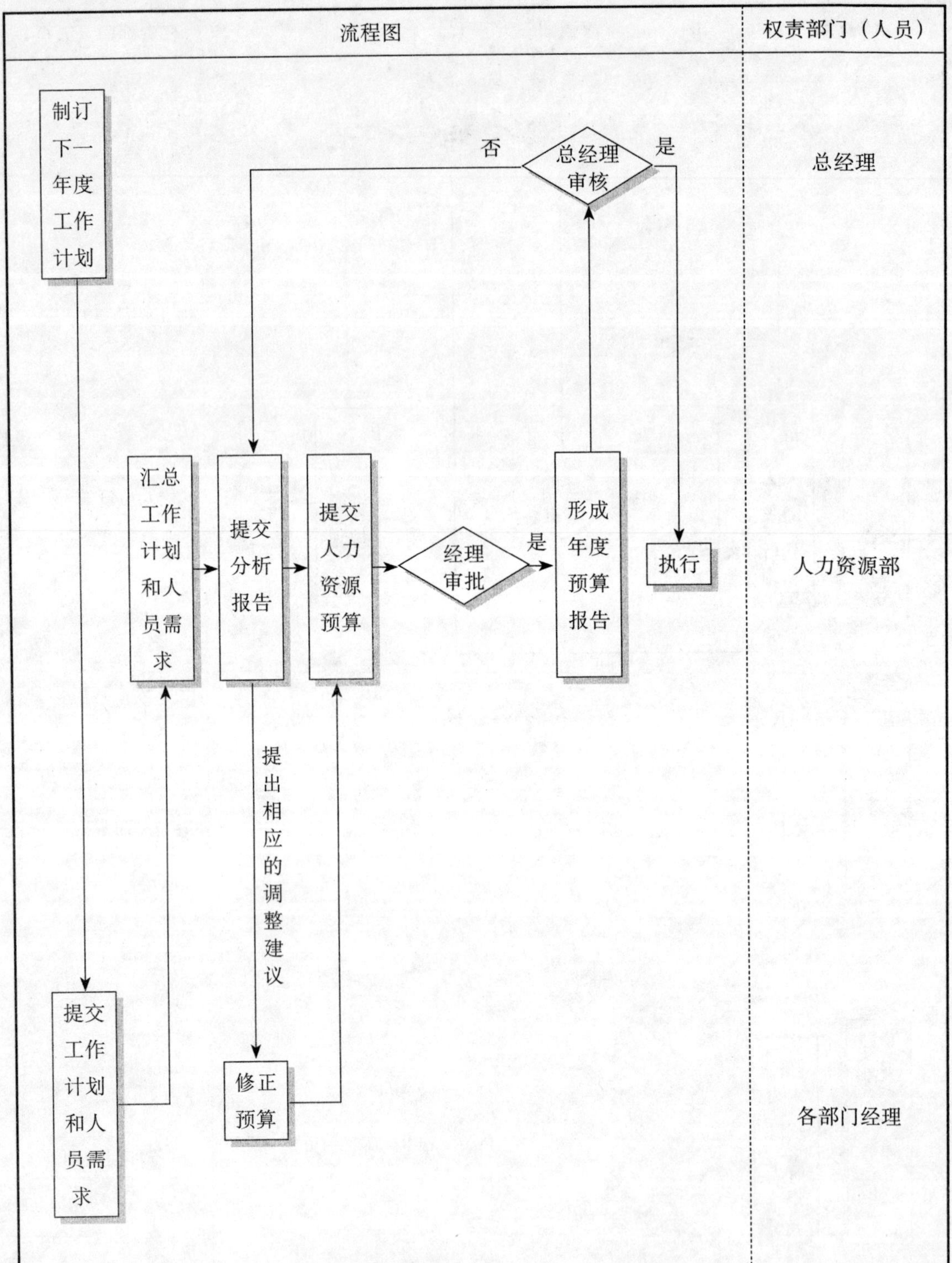

岗位设置流程图

流程04：年度人员预算流程

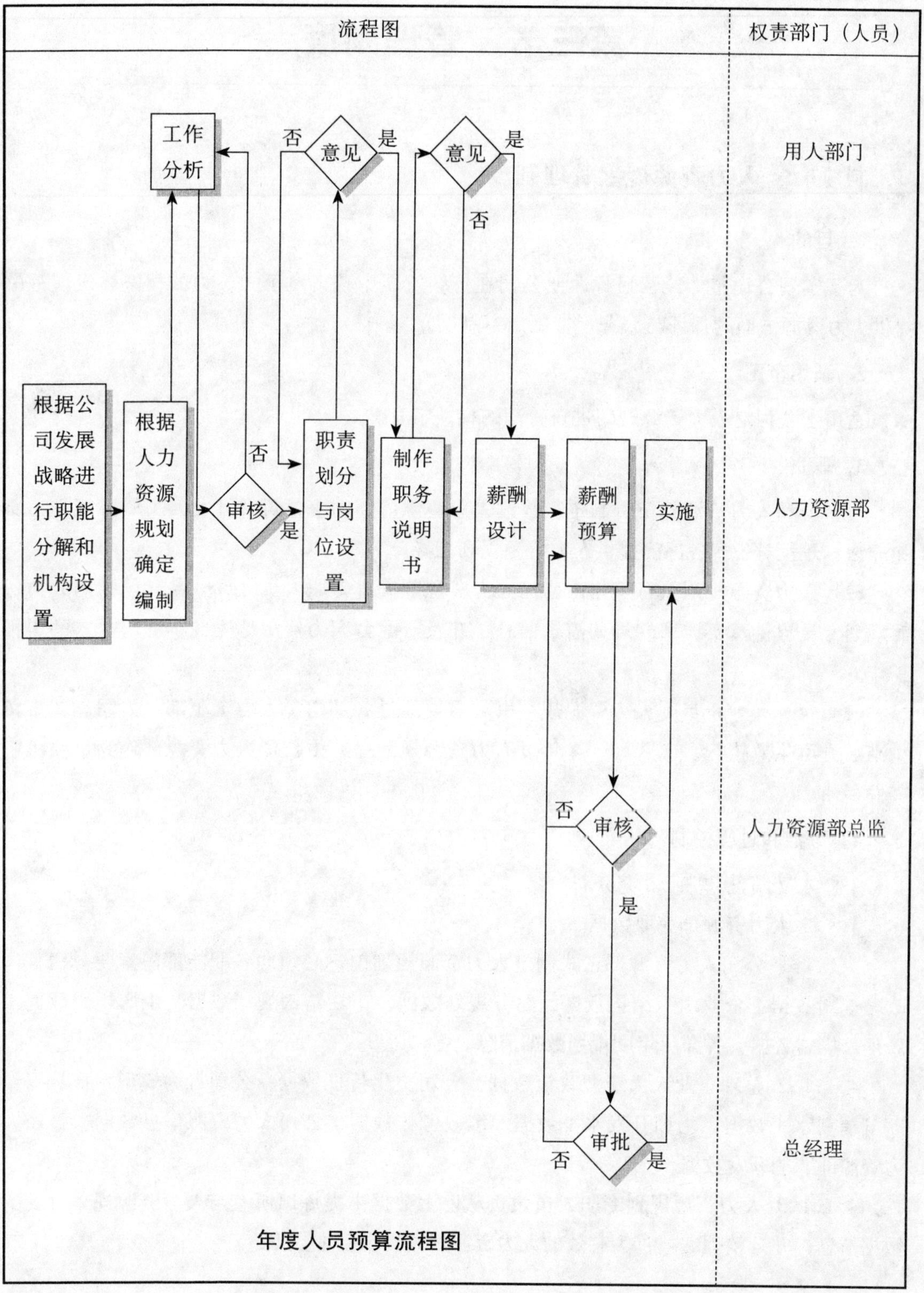

年度人员预算流程图

第三节　管理制度

制度01：人力资源规划管理制度

1．目的

为了实现公司整体经营目标，使公司在持续发展中获得竞争力，为公司整体发展战略提供人力资源方面的保证与服务，特制定本制度。

2．适用范围

适用于公司对人力资源规划进行管理的相关事宜。

3．职责

（1）公司人力资源部负责制定、修改人力资源规划制度，负责开发人力资源规划工具和方法，并且对公司各部门提供人力资源规划指导。

（2）人力资源规划执行工作由公司人力资源部安排专职人员完成。各部门需向人力资源规划专员提供真实详细的规划需求信息，并及时配合人力资源部完成本部门需求的申报工作。

（3）《××××年度人力资源规划书》需要经过各部门、人力资源部、公司总裁审核批准后方可生效执行。《××××年度人力资源规划书》由公司人力资源部作为重要机密文件存档。

4．方法和过程控制

4.1 人力资源规划环境分析

4.1.1 人力资源部获取数据

4.1.1.1 公司人力资源部正式制定人力资源规划前，必须向各职能部门索要公司整体战略规划数据、企业组织结构数据、财务规划数据、市场营销规划数据、生产规划数据、新项目规划数据、各部门年度规划数据信息。

4.1.1.2 整理企业人力资源政策数据、公司文化特征数据、公司行为模型特征数据、薪酬福利水平数据、培训开发水平数据、绩效考核数据、公司人力资源信息数据、公司人力资源部职能开发数据。

4.1.1.3 人力资源规划专职人员负责从以上数据中提炼出所有与人力资源规划有关的数据信息，并且整理编报，为有效的人力资源规划提供基本数据。

4.1.2 公司人力资源部在获取以上数据的基础上，组织内部讨论，将人力资源规划系统划分为环境层次、数量层次、部门层次，每一个层次设定一个标准，再由这些不同的标准衍生出不同的人力资源规划活动计划。

4.1.3 公司人力资源部应制订《×××年度人力资源规划工作进度计划》，报请各职能部门负责人、公司人力资源部负责人、公司总裁审批后，告知公司全体员工。

4.1.4 公司人力资源部会根据公司经营战略计划和目标要求以及《×××年度人力资源规划工作进度计划》，下发"人力资源职能水平调查表""各部门人力资源需求申报表"，在限定工作日内由各部门职员填写后收回。

4.1.5 公司人力资源部在人力资源规划环境分析阶段需要完成"人力资源流动成本分析表"、《人力资源职位结构分类工具》《人力资源年龄结构分析工具》（部门－年龄维度）、《人力资源年龄结构分析工具》（职位－年龄维度）、《人力资源专业能力分析工具》（部门－专业维度）、《人力资源专业能力分析工具》（职位－专业维度）、《人力资源数量分析工具》（职位－数量维度）、《人力资源数量分析工具》（部门－数量维度）、《教育程度与人力资源成本分析工具》的填写工作，并且将以上表格工具获取的数据制作整理为EXCL数据或其他电子数据库形式。

4.1.6 公司人力资源部在收集完毕所有数据后，安排专职人员对以上数据进行描述统计分析，制作《××××年度人力资源规划环境描述统计报告》，由公司人力资源部审核小组完成环境分析的审核工作。公司人力资源环境分析审核小组成员构成：公司各部门负责人、公司人力资源部环境分析专员、公司人力资源部负责人。

4.1.7 公司人力资源应将审核无误的《××××年度人力资源规划环境描述统计报告》报请公司总裁审核批准后方可使用。

4.1.8 在人力资源环境分析进行期间，各职能部门应该根据部门的业务需要和实际情况，在人力资源规划活动中及时全面地向公司人力资源部提出和人力资源有关的信息数据。公司人力资源环境分析工作人员，应该认真吸收接纳各职能部门传递的环境信息。

4.2 人力资源规划供给、需求预测

4.2.1 《××××年度人力资源规划环境描述统计报告》经公司高级管理层批准同意后，由公司人力资源部人力资源规划预测人员对企业人力资源的需求和供给情况，结合企业战略发展方向，各部门经营计划、年度计划，运用各种预测工具，对公司整体人力资源规划的需求和供给情况进行科学的趋势预测统计分析。

4.2.2 人力资源规划预测的数据类型要求：表格数据、趋势线数据、数据结构图、数据解释说明、总类数据、分类数据。

4.2.3 公司人力资源部人力资源规划预测人员，对公司人力资源情况进行趋势预测统计分析后，制作《××××年度人力资源规划需求趋势预测报告》以及《××××年度人力资源规划供给趋势预测报告》，报请公司领导审核、批准。

4.3 人力资源供需平衡决策

4.3.1 公司人力资源部负责人审核批准《××××年度人力资源规划需求趋势预测报告》以及《××××年度人力资源规划供给趋势预测报告》后，由公司人力资源部组建“公司人力资源规划供需平衡决策工作组”。

4.3.1.1 公司人力资源规划供需平衡决策工作组成员构成：公司高层、公司各职能部门负责人、公司人力资源部。

4.3.1.2 公司人力资源规划供需平衡决策工作组会议安排：

实施A：人力资源规划环境分析和人力资源规划供需预测报告会议。

实施B：人力资源规划供需决策会议。

4.4 制作人力资源规划书

4.4.1 公司人力资源部在公司人力资源规划供需平衡决策工作组工作日程后，指定专员完成会议决策信息整理工作，并且制订《××××年度人力资源规划书制定时间安排计划》。

4.4.2 公司人力资源部召开制定人力资源规划的专项工作会议。

4.4.3 公司人力资源部指派专人汇总全部人力资源规划具体项目计划，编制《××××年度人力资源规划书》，报经公司人力资源部全体职员核对，报经公司各职能部门负责人审议评定，交由公司人力资源部负责人审核通过，报请公司总裁批准。

4.4.4 公司人力资源部负责组织实施《××××年度人力资源规划书》内部职员沟通活动，保障全体职员知晓人力资源规划的内容，以期保障人力资源规划实施的顺利进行。

4.4.5 公司人力资源部应该将《××××年度人力资源规划书》作为重要机密文件存档，严格控制节约程序。并将《××××年度人力资源规划书》的管理纳入公司有关商业机密和经营管理重要文件的管理制度。

制度02：公司权责划分制度

1. 目的

为了使公司明确划分各层人员的权责，加强管理，提高工作效率，特制定本制度。

2. 适用范围

适用于整个企业的组织管理。

3. 组织办法

3.1 事项划分

将所有事项分为共同及个别两部分，再将共同事项划分为策划部门及直线部门两部分，以资简化。

3.2 按照执行

各部门的权责都必须按照职务说明书执行，不可借故推诿。实施时，如遇困难或特殊事件发生，需向上一层人员请示后处理。

3.3 报告

各层人员依规定办理后，如需向其上层人员报告时，仍需以书面或口头报告。

3.4 列举方式

3.4.1 其未列举的事项，如已在本公司的各项规章、办法或其他规定中有所规定的，照其中规定办理。

3.4.2 无规定者，可由一级部门主管（即策划及直线各部门的经理）酌情办理。设有协理职位的直线部门，其权责划分表另行制定。

4．其他

(1) 任意事项，涉及两个以上单位的职责者，应送各有关部门会核后处理。

(2) 有关目标、政策、计划、标准及重要人力资源事项，应经经营会议商讨后呈请董事长核定。

(3) 本办法规定的事项，可视事实需要随时修订。

(4) 本办法经呈请董事长核准并公布后施行，修订时也同。

第四节　管理表格

表格01：人力资源净需求评估表

表2-8　　人力资源净需求评估表

人员状况		第一年	第二年	第三年	……
需求	1．年初人力资源需求量				
	2．预测年内需求的增加				
	3．年末总需求				
	4．年初拥有人数				
	5．招聘人数				
	6．人员损耗				
	其中包括：退休				
	调出或升迁				
	辞职				
	辞退或其他				
	7．年底拥有人数				
净需求	8．不足或有余				
	9．新进人员损耗总计				
	10．该年人力资源净需求				

表格02：人力资源净需求（类别）

表2-9　　人力资源净需求（类别）

人员类别（按职务分）	现有人员	计划人员	余缺	预期人员的损失							本期人力资源净需求
				调职	升迁	辞职	退休	辞退	其他	合计	
高层管理者											
中层管理者											

续表

人员类别（按职务分）	现有人员	计划人员	余缺	预期人员的损失							本期人力资源净需求
				调职	升迁	辞职	退休	辞退	其他	合计	
部门主管											
一般员工											
其他人员											
合计											

表格03：人力资源规划表

表2-10　　人力资源规划表

序号		第一年	第二年	第三年	……	备注
1	×××行业增长预测					
2	公司年业务收入					
3	公司利润率预测					
4	员工总人数计划					
5	各职位人数计划 高层领导 部门经理 部门主管 员工					
6	各部门人数计划 总经理办公室 行政办公室 信息资源部 计划财务部 人力资源部 预算合同部 材料设备部 开发部 工程管理部 资金管理中心 其他					

表格04：人员需求预测表（月份）

表2-11 人员需求预测表（月份）

日期：

需求原因	管理人员				信息技术人员			一般职员		
详细说明	高层	中层	基层	小计	系统开发专员	数据库工程师	小计	行政人员	销售人员	小计

第五节 问题解答

问题01：如何处理员工不支持人力资源规划工作

在收集人力规划信息的时候，一些员工很少提供真实而有用的信息。这给人力资源部造成了诸多困扰，人力资源规划工作进行并不顺利。

造成这种现象的原因，主要包括两方面：一是人力资源规划涉及员工敏感问题，二是规划人员缺乏专业知识与能力。那么，应该怎样处理呢？

1. 树立规划小组专业公正形象

在规划正式开始之前，需要做足准备工作。

（1）给予规划人员必要培训，促使规划知识与技能的提高。

（2）在经费允许的情况下，引入外部智囊团，聘请咨询机构实施规划，可在一定程度上保证规划的质量与公正性。

（3）向员工承诺不会因为人力资源规划而失去工作，或是带来工作的较大变化。将秉承公正的原则制定各项人力资源政策，以打消员工顾虑。

2. 鼓励员工积极参与人力资源规划制定

尽可能地将员工代表纳入到人力资源规划过程当中。通过员工代表全程参与，使得员工切实了解整个人力资源规划内涵、重要性、实施过程与进度，加强人力资源规划人员与员工的互相沟通与互相理解。这样，员工才会将真实而有用的信息反馈给规划小组，从而加强员工的主动配合性。

3. 争取领导支持

成功的人力资源规划离不开领导的有力支持。除了与员工进行有效沟通之外，规划小组还应与领导进行良好沟通，争取领导的大力支持，以方便规划工作的顺利展开。

问题02：怎样避免人力资源规划流程粗糙

目前我国有不少企业整个人力资源规划过程较为随意，流程比较粗糙。要解决人力资源规划流程粗糙、凭主观随意制订的问题，可以采用以下三种方法：

1. 采用科学信息收集方法

信息的收集可以综合采用文献研究方法、调查问卷法和访谈法三种方法。

(1) 文献研究法。文献研究法是通过阅读本组织内部的历史资料、相关文件，以及国内外标杆组织的相关人力资源战略资料而获取有用信息的方法。

(2) 调查问卷法。调查范围广泛、效率高，而且收集来的信息可以通过描述统计和推断统计进行现状研究和预测未来。

(3) 访谈法。访谈法能够进一步了解调查问卷纸面上反映不到的信息。

以上三种方法各有利弊，企业在时间与经费允许的条件下，最好能够同时运用。

2. 运用数据处理方法全面了解现状

在收集到原始信息的基础上，需要运用统计工具对原始信息进行分析加工，了解现在和预测未来。

运用统计工具进行分析。主要通过采用频数分布分析、交叉分析、均值分析等方法，分析企业人力资源队伍结构现状，如性别、年龄、职称、学历等，以及被调查者对人力资源战略问题的相关看法等。

3. 选择合适的人力资源规划工具

常用的人力资源规划工具有三种：

(1) SWOT矩阵法。SWOT矩阵法是一种对组织优势、劣势、机会和威胁的分析。在收集完组织内部和外部的信息之后，再将各因素进行评分，按因素的重要程度加权求和。制定人力资源战略时应尽可能采取一些措施将威胁消除掉，利用并扩大企业已有的优势。

(2) 问题导向法。问题导向法是在制定人力资源战略时，围绕企业目前和将来将会出现的主要问题，在一定的约束条件和可利用的资源下，提出相应对策的一种战略分析方法。

(3) PEST法。PEST法主要是分析人力资源战略制定的宏观环境分析方法。宏观环境又称一般环境，是指影响一切行业和企业的各种宏观力量。对宏观环境因素作分析，不同行业和企业根据自身特点和经营需要，分析的具体内容会有差异，但一般都应对政治（Political）、经济（Economic）、技术（Technological）和社会（Social）这四大类影响企业的主要外部环境因素进行分析。

问题03：怎样加强人力资源规划的可操作性

当员工拿到人力资源规划书时，有时会觉得规划在实际执行过程中有较大的困难，难以落实。一是因为制定规划时任务安排过于笼统，难以操作；二是没有注意规划的弹性。

如何解决上述问题?

1. 分层设置目标，内容由粗至细

人力资源规划应该是包括多层次、由粗至细的体系。体系顶层应是人力资源规划的总方向与总目标，底层应是由总目标具体细化而成的，能够分解、落实到各个部门和各个环节的具体任务与安排上。

如一些企业的人力资源规划是由战略总目标——分目标——项目——行动计划这四个层级构成，总目标方向明确，具体项目与行动计划反过来支持总目标的实现。

2. 任务设置时间化

人力资源规划要落到实处，就必须将具体任务设置时间化。比如某企业人力资源规划不仅确定了实现目标具体行动计划，而且明确提出了实现目标时间期限。

3. 实施滚动式的人力资源规划

在人力资源规划的第一阶段结束时，根据该阶段实际执行情况和组织内外环境的变化情况，对原有人力资源规划进行修订。

对于一年以上的人力资源规划而言，采用滚动式的人力资源规划可以保证即使环境变化出现某些不平衡时，各期计划也能及时进行调节，从而加强人力资源规划的弹性，随时保持人力资源规划与环境的匹配性。

问题04：怎样避免出现“虎头蛇尾”

有些企业花费大量人力和物力做出一份人力资源规划书后，就宣告规划工作结束了。实际上，一个完整的人力资源规划不但包括规划制订，而且还包括规划实施控制。因为无论规划多么周密，人们在执行规划时总是会或多或少地出现与规划不一致的现象。

1. 全过程控制

运用前馈控制、同期控制与反馈控制进行全程规划控制。当人力资源规划在执行中出现偏差时需要及时处理。

(1) 判断该偏差是偶然性问题还是严重性问题，判断偏差的严重程度是否构成人力资源规划目标实现的威胁。

(2) 探究导致偏差的主要原因，不同的原因要求采取不同的纠正措施。

如培训效果的降低，可能是因为培训教材没有理论联系实际，也可能是因为企业错误选择培训教师，还可能是由于培训内容与员工工作联系不紧密而导致员工缺乏兴趣。找出培训效果降低的真实原因之后，再寻找合适的解决办法。

2. 多部门协调，共同控制

人力资源部在规划实施中扮演着重要角色，需要制定各种制度并与各个部门进行沟通，保证规划的实施。

人力资源部并非唯一重要的角色，在规划的实施与执行过程中，人力资源部应寻求其他部门积极配合，多部门同时控制。

如人力资源部进行的各种调查，比如培训需求调查、满意度调查、工作分析问卷、职位胜任能力调查时，其他部门都应该共同配合问卷的发放与回收工作。

3. 选择合适指标进行人力资源规划评估

将人力资源规划的预期结果和实际执行的反馈结果进行比较、判断和分析时，应选择合适的、主观性与客观性相结合的指标进行测评，为下一个人力资源规划制订与实施提供及时而有意义的信息，帮助企业汲取有益的经验。

第三章

员工招聘管理

内容提示 >>>

◇管理要点

◇管理流程

◇管理制度

◇管理表格

◇问题解答

第一节 管理要点

要点01：识别招聘需求

当用人部门提出招聘需求时，人力资源部和用人部门的上级主管，首先要对招聘需求进行分析和判断。那么招聘需求是怎样产生的呢?其原因可能有以下几种情况：

（1）员工离职或调动，产生职位的空缺。

（2）根据年度计划人员预算招聘。

（3）由于业务量的变化，现有的人员无法满足需要。

一般来说，在事先制订好的人员预算中的招聘计划是可以直接执行的。当用人部门发现人手紧张时，他们的第一反应往往就是“我们需要招人!”

人力资源部很有必要协助用人部门管理者判断一下，是否必须要通过招人来解决问题，即使是招人，也要判断是否一定要招聘正式员工。其实有时候职位空缺或人手不够的情况不一定非要招聘新人，可以通过其他方式解决，如表3–1所示。

表3–1　　人员需求解决方式

序号	方式类别	具体内容
1	将其他部门的人员调配过来	一个部门人员不够，很可能另一个部门有富余的人员，而这些人员恰好可以满足那个部门的人员需求。
2	现有人员加班	有些工作任务是阶段性的，若招聘正式员工进来，短期繁忙阶段过去后就会出现冗员。如果现有人员适当加班就可以解决问题，那么就不必去招聘新人了。
3	重新设计工作	有时人手不够可能是由于工作的流程不合理或者工作的分配不合理。如果能够对工作进行重新设计，人手不够的问题可能就会迎刃而解。
4	将某些工作外包	有些非核心性的工作任务完全可以外包给其他机构来完成。这样就可以免去招聘人员的麻烦，而且也减轻了管理的负担。

即使真需要招聘新人，也要判定是招聘正式员工还是招聘临时员工。对于某些非长期性工作或者比较简单的工作，可以招聘临时员工来完成，因为这样会比较节约成本。

要点02：员工招聘四个阶段

企业在招聘员工时，通常按照以下步骤进行：

1. 招聘需求阶段

一般来说，确定招聘需求有以下两个方向：

(1) 直接员工的招聘申请（主要是人力资源部员工）。

由人力资源部根据生产需要填写直接员工的“员工招聘申请表”，交人力资源部经理审批。

(2) 非直接员工的招聘申请（其他部门员工）。

由用人部门填写非直接员工的“员工招聘申请表”，并交人力资源部审批。

2. 招聘计划阶段

企业在进行员工招聘前要制订招聘计划，计划包括拟聘用岗位、应聘人员条件、招聘组织、招聘时间安排、招聘的程序等，同时需要制做招聘计划书。

3. 人员选拔阶段

不同人员选拔，其具体要求是不同的，具体如表3-2所示。

表3-2　　人员选拔阶段要求

序号	类别	选拔要求
1	一般操作工	只要经过用人部门批准即可。
2	管理技术、文职类人员	通过人力资源部和用人部门的笔试、面试。
3	高层管理人员	需要通过公司高层、经营者的面试。

4. 招聘评估阶段

在招聘活动结束后，应该对此次招聘的效果作一次全面、深入、科学、合理的评估。一般来说，主要对以下内容进行评估：

(1) 招聘目的是否达到？

(2) 招聘渠道是否有效？

(3) 招聘流程是否流畅？

(4) 招聘预算的执行是否得当？

(5) 招聘时间（周期）的安排是否合理？

(6) 人才测评的方法是否可靠、有效？

（7）所录用人员的实际业绩究竟如何？

要点03：员工招聘管理要求

员工招聘管理要求，如表3－3所示。

表3-3　员工招聘管理要求

序号	要求类别	具体内容
1	因事择人	员工的选聘应以实际工作的需要和岗位的空缺情况为出发点，根据岗位对任职者的资格要求选用人员。
2	公开	公示招聘信息、招聘方法，既可将招聘工作置于公开监督之下，防止以权谋私、假公济私的现象，又能吸引大量的应聘者。
3	公平公正	确保招聘制度给予合格应聘者平等的获选机会。
4	竞争择优	在员工招聘中引入竞争机制，在对应聘者的思想素质、道德品质、业务能力等方面进行全面考察的基础上，按照考查的成绩择优选拔录用员工。
5	效率优先	用尽可能低的招聘成本录用到合适的最佳人选。

要点04：招聘准备工作

企业在公开招聘员工之前，一般会成立一个招聘小组，负责招聘前的准备、招聘等一系列工作。招聘前的准备工作主要是制订招聘计划和起草各种招聘文书。

1．招聘计划

招聘计划应明确招聘人员的素质条件、招聘地区和范围以及起点待遇等。具体来说，招聘计划应包括以下内容：

（1）哪些职位需要招聘员工？招聘多少人？

（2）每个职位的员工的任职资格是什么？

（3）什么时候发布招聘信息？采取何种渠道招聘员工？

（4）如何进行员工测试？是否委托专业机构进行？

（5）招聘费用预算。

（6）新招聘员工的起始待遇。

（7）新进员工报到工作时间。

（8）招聘截止日期。

2. 招聘文书

招聘的有关文书包括“招聘启事”、“报名表”等内容。

（1）招聘启事。招聘启事一般要简明扼要，直截了当地说明需求，一般常用的招聘启事的格式写作范文如下：

①先公司自我介绍。××有限公司责任公司成立于××××年××月××日，属于××企业，目前为××行业领军企业，公司企业文化等都要写清楚。

②需要招聘员工的具体要求，主要包括以下几项：年龄、性别、学历要求、能力要求、岗位职责、工作经验、其他要求、工资待遇，以上是任何一篇招聘启事范文需要的内容。

③要求面试者提供个人简历和哪些证件，何时面试以及应聘流程。

④面试具体描述：××月××日在×××进行面试或者复试。

落款：××有限公司责任公司人力资源部

联系地址：××省××市××路

联系人：××

电话：×××××

公司网址：×××××

以上为普通招聘启事基本格式，好的招聘启事能吸引人才的注意，能够更好地招聘到需要的人才。

（2）报名表。报名表又可称为应聘人员登记表，详见本章第四节表格05。

3. 准备工作职责与任职资格描述

在准备招聘一个新人之前，人力资源部必须清楚地知道空缺职位的工作职责和对任职者的任职资格要求。因为只有这样才有充分的依据对候选人进行评判。一般来说，这部分工作由空缺职位的直接主管完成，人力资源部和用人部门的上级主管在此过程中只给予指导和帮助。

要点05：选择招聘渠道和方法

要做好招聘工作，招到公司所需要的人才，就必须拥有正确的招聘途径。这就像在某一规定时间内要我们到达目的地，之前一定要选择好路径才能马到成功一样。那么如何建立招聘渠道呢?我们可从几个层面去分析，根据不同层次的需求寻找不同的招聘渠道，如普通工人联系地方劳动局、储备管理人员到高等院校、管理人员找人才市场等。

只要事先做好了这些前序工作，一旦企业急需人才时，一个电话、一个传真也许就把问题解决了。现在，随着网络时代的迅速崛起，网上招聘也是招聘渠道的一条可行途径。

要点06：招聘宣传和接受报名

1. 招聘宣传

招聘宣传是招聘工作中的重要工作，直接影响招聘的效果。招聘宣传通常以新闻媒体发布招聘“启事”或“告示”，或者在合适的地方张贴招聘“启事”或“告示”。招聘启事一般包括企业的概况、招聘岗位、福利待遇、报名条件、报名起止时间、报名手续、报名地点以及考核的内容和方式等。

2. 接受报名

招聘信息发布以后，接下来的工作就是接受报名。

接受报名的主要任务有两项：一是填写报名表和检验有关证件，确认报名者的资格；二是对应聘者初步面试。招聘工作人员可根据面试情况，对初试合格者填写报考职位、工种给予指导；对初试不合格者应耐心作出解释。

要点07：审查报名表

报名结束后在转入下一阶段之前，还要审查报名表。在审查报名表时应注意以下问题：

1. 汇总、分类和整理

要将全部应聘者的报名表进行汇总、分类和整理。

(1) 首先将应聘者的报名表汇总，注意不要遗失一份报名表。

(2) 将报名表根据应聘职位、学历、工作经验等不同标准进行分类。

(3) 将符合要求的和不符合要求的应聘者的报名表分别整理好。

2. 进行重点审查

将应聘者的情况与企业职位说明书的任职资格要求相对照，重点审查以下四个问题：

(1) 应聘者是否符合职位说明书中的任职资格要求。

(2) 应聘者在以往工作中掌握的技术、知识、能力、经验与新工作所需的技术、知识、能力、经验之间转换的难易程度。

(3) 忽略应聘者对自己的个性、兴趣等方面无法证实的主观内容。

(4) 估计应聘者提供的背景材料的可信度，找出需证实的疑点问题。

3. 对审查合格者再次复查

必要时可对应聘者提供的背景材料进行核实或背景调查。特别是对于某些重要职位的，为了解其提供的背景材料的可信度，必要时可通过电话或者会面的形式与应聘者的原工作单位进行联系，从而更客观地掌握应聘者的有关情况。在开展背景调查时，可先设计出应聘者背景材料核实表，在调查时逐项填写。

要点08：测试

报名表审查完后，剔出不合格人员，合格人员进入测试程序。对甄试者可以电话通知，也可以书面通知。

书面通知较正规，但若时间急迫，则宜用电话通知。应聘人员收到通知书后，通常会按时到企业参加测试，招聘人员应事先准备好有关资料。

一般是先请应聘者填写应聘人员基本资料，然后再参加测试。测试包括笔试、面试、操作测试和心理测试。在测试人员时不一定这四种方法都用到，应根据企业的特点和招聘岗位的特点，具体采用其中的一种或几种方式进行测试。

1. 笔试

笔试就是先拟订好试卷、由应聘者书面答卷、招聘人员根据答卷情况评定成绩的测试方法。这种方法可有效地测试应聘者的基本知识、专业知识、管理知识和技能，以及应聘者综合分析问题的能力、文字表达能力等。

2. 面试

由招聘人员与应聘者面对面地谈话，通过应聘者对所提出问题的回答及其言谈举止的表现，来了解应聘者的语言能力、知识广度和深度、志趣、仪表等，从而判断他是否符合录用标准。在一般情况下，对应聘者面试结束后要进行面试评估，以便对应聘者的优缺点以及是否适合聘用条件作出明确说明。

3. 操作测试

对于工作具有机械性、技术性、专业性的人员，招聘测试可采用这种方法，如技师、打字员、修理工、生产作业人员、统计人员、会计人员等。例如，招聘打字员，可给她一篇文章，根据其打印完成的速度、错别字的多少评定其测试成绩。这种测试时间比较长，但准确度比较高。

4. 心理测验

根据抽样原理制作测试材料，经标准化程序，测量一个人的人格、能力、性格的差异。其具体内容包括人格测验、能力测验、性格测验。

第二节　管理流程

流程01：社会招聘流程

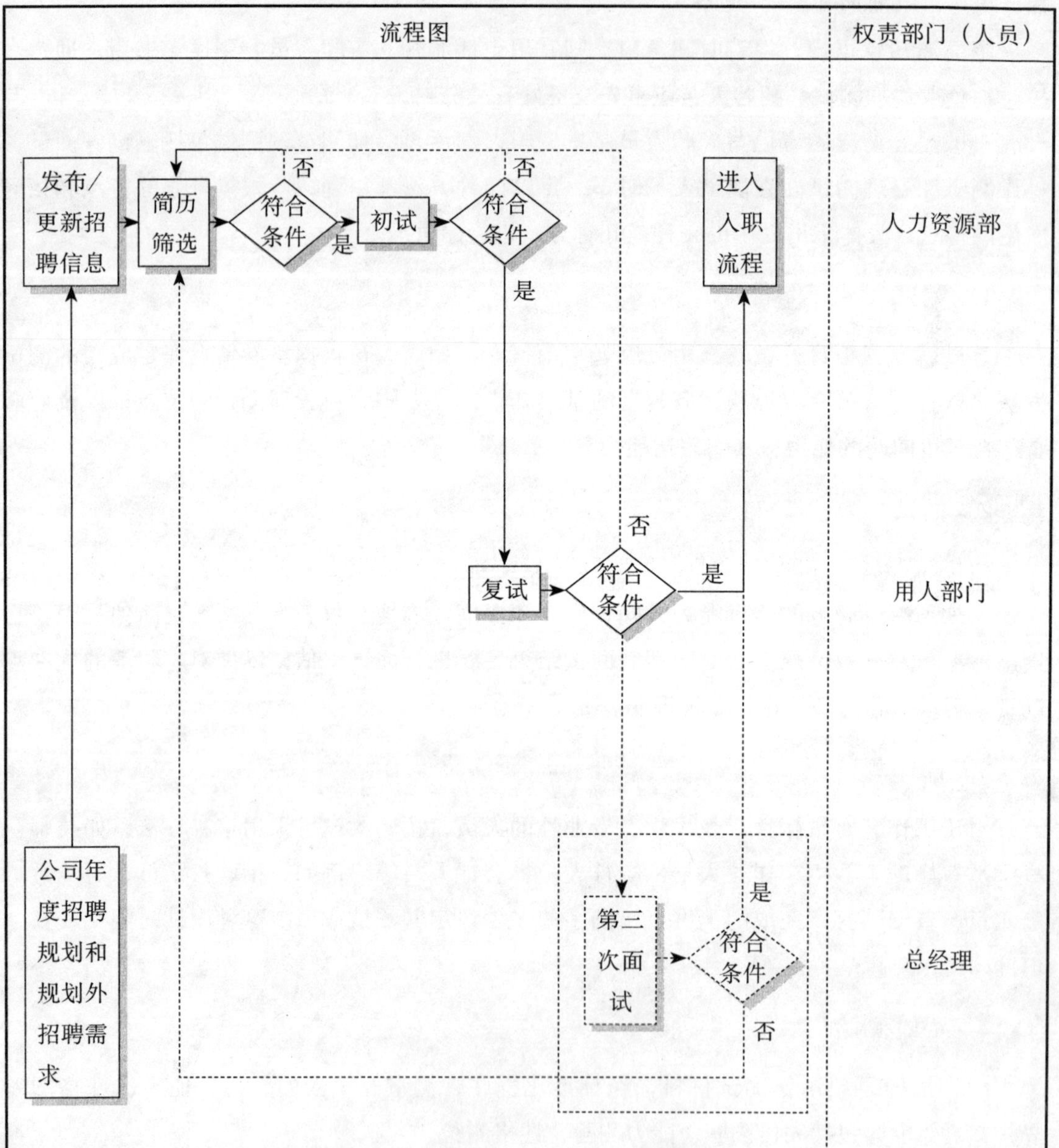

社会招聘流程图

流程02：内部招聘流程

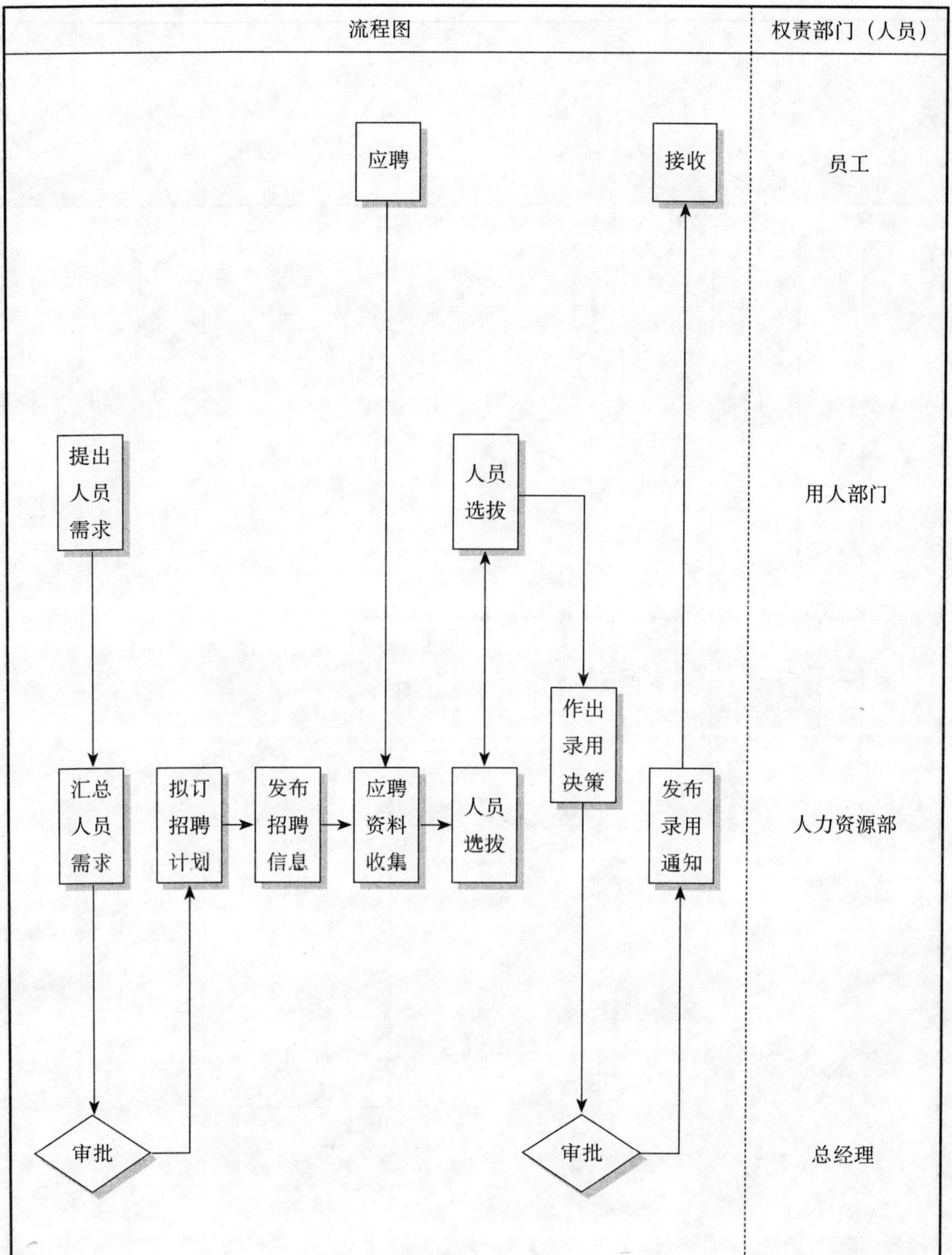

内部招聘流程图

流程03：校园招聘流程

流程图	权责部门（人员）
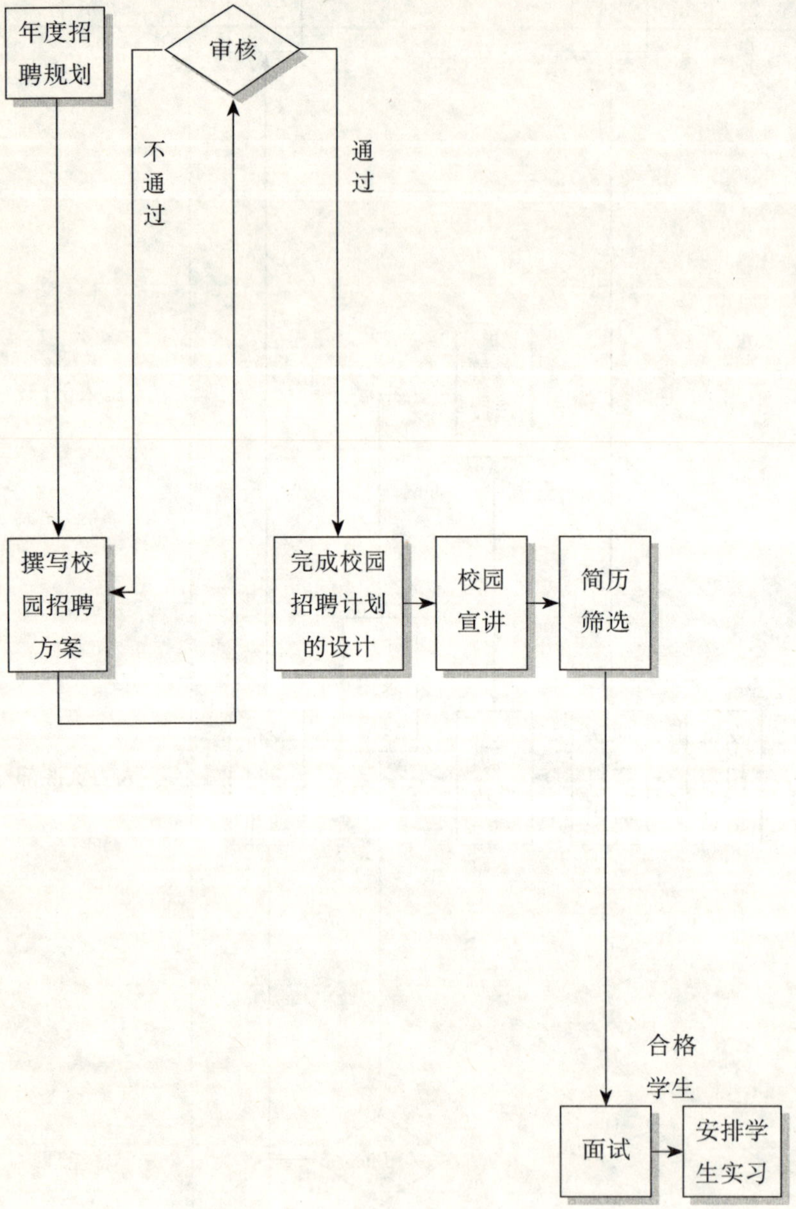	人力资源部经理 招聘专员 用人部门

校园招聘流程图

第三节 管理制度

制度01：公司招聘制度

1．目的

为了确保企业招聘管理有章可循，特制定本制度。

2．适用范围

适用于企业人力资源部的招聘管理。

3．招聘原则

3.1 客观公正原则

人力资源部及经办人员在人员招聘中，必须以客观的态度及眼光去甄选人员，做到客观公正。

3.2 德才兼备原则

人才招聘中必须注重应聘人员的品德修养，在此基础上考察应聘者的才能，做到以德为先、德才兼备。

3.3 先内后外原则

人力资源部及用人部门在人才招聘中，应先从公司内部选聘合适人才，在此基础上进行对外招聘。从而充分运用和整合公司现有的人力资源。

3.4 回避原则

德才兼备、唯才是举是公司用人的基本方针，因此对公司现有员工介绍的亲友，公司将在充分考察的基础上予以选用，但与之有关联的相关人员在招聘过程中应主动予以回避，同时不能对招聘过程或人员施加压力，以免影响招聘的客观性、公正性。

4．人力资源规划

公司人力资源部于每年年初，根据本年度的业务量对公司内部所有岗位重新定岗、定编、定员。

5．人力资源部职责

（1）负责制定公司人力资源战略规划。

（2）负责公司定岗、定编、定员、调整工作岗位及内容等项工作。

（3）组织实施公司招聘制度、录用政策。

(4) 负责管理新进员工的劳动用工合同和人力资源档案。

6．招聘途径

6.1 内部招聘

在公司内部进行人才的甄选，促进公司人力资源的合理利用与有效流动，从而达到适才适位。

6.2 外部招聘

通过外部途径进行人才招聘，及时补充新鲜“血液”，从而达到“鳗鱼机制”的激活目的。

6.2.1 广告招聘。通过在电视、报纸、杂志等媒体上刊登广告信息，吸引人才前来应聘。

6.2.2 人才市场招聘。通过参加各地人力资源主管部门、学校或其他单位举办的人才招聘（双选）会，甄选具备工作经验及实践能力的成熟人才。

6.2.3 高校招聘。通过到各地高校招聘应届毕业生，甄选具备发展内在潜质及专业素质且满足公司需要的人才。

6.2.4 网上招聘。通过在网上发布招聘信息，吸引各类人才前来应聘。

6.2.5 其他招聘。为招聘到合适的人才，充分满足公司用人之需，可采用猎头招聘、介绍等方式进行招聘。

7．招聘流程

(1) 用人部门根据本部门实际情况填写“员工招聘申请表”。如需笔试，则须同时附上笔试考卷，在招聘前一周送人力资源部初核调校并报公司领导审批，经审批同意后由人力资源部组织实施。

(2) 人力资源部在招聘前需拟订招聘方式及详细周全的招聘计划，经公司领导核准后组织实施。

(3) 人才的引进一律实行公开招聘，由人力资源部决定招聘的形式。任何招聘方式，均应要求求职者递交求职信，填写“求职申请表”，并提交以下资料：个人简历、照片、联系地址、电话号码及身份证、学历证等证明求职者身份、受教育程度、能力等的相关证件的复印件。

8．面试

8.1 面试人员

面试由人力资源部会同用人部门进行，面试小组中至少应有一名用人部门员工参加。

8.2 面试流程

8.2.1 由人力资源部根据实际情况确定面试时间，并通知面试人员及公司相关人员。

8.2.2 由人力资源部介绍公司基本情况，包括公司性质、经营范围、上班时间、报酬福利、用人机制等情况。

8.2.3 让应聘人员自由发问，由面试小组相关人员加以解答。

8.2.4 对应聘人员逐一进行面试，详细了解其基本情况。

8.2.5 面试结束当日，面试小组应就面试情况进行汇总并形成书面意见。

9．笔试

9.1 通知笔试

人力资源部应在当日根据面试小组的综合意见，通知初试合格者于次日来公司参加笔试。

9.2 试题审校

用人部门应提前一周将专业试题交人力资源部审校，同时做好保密工作。

9.3 笔试原则

9.3.1 笔试题需严谨全面，紧扣招聘目的。

9.3.2 笔试需严格，严禁作弊。

9.3.3 阅卷需认真仔细，杜绝敷衍现象，保证对公司负责、对应聘人员负责。

制度02：招聘管理制度

1．目的

为完善规范员工招聘录用程序，充分体现公开、公平、公正的原则，不拘一格选拔人才，特制定本制度。

2．适用范围

适用于公司人力资源部的招聘管理。

3．职责

人力资源部负责对内和对外招聘信息的发布形式和内容。

4．招聘原则和标准

4.1 机会均等原则

在公司出现职位空缺时，公司员工享有和外部应聘者一样的应聘机会，具体程序见内部招聘有关条款。

4.2 双重考查原则

所有招聘都需经过用人部门和人力资源部门的双重考查，经公司分管用人部门的高层领导批准后，由人力资源部门发录用通知。

4.3 标准

4.3.1 所有成功的应聘者应具备良好的职业操守，无不良记录，身体健康，具有大学本科以上学历（此条可根据不同公司单位人员需求而定）。

4.3.2 特殊岗位和经验特别丰富的应聘者，可以适当放宽要求。

5．招聘申请程序

5.1 部门计划内招聘申请

各部门负责人应在每年做次年工作计划的同时拟订人员需求计划，填写“年度人员需求计划表”，经人力资源部门审议，分管人力资源的高层领导审核，经公司最高领导批准后留在人力资源部门备案，作为招聘的依据。

5.2 部门计划外招聘申请

如果有计划外的人员需求或因员工离职需补充人员，部门负责人应填写“用人需求申请表”，经公司分管人力资源的高层领导批准后交人力资源部门实施。

6．招聘组织程序

6.1 内部招聘步骤

6.1.1 人力资源部根据人员需求计划或“用人需求申请表”，发布内部招聘信息。

6.1.2 应聘员工填写“内部应聘登记表”，与自己的部门负责人进行正式沟通，并由部门负责人和公司分管该部门的高层领导签批后交人力资源部。

6.1.3 人力资源部接到“内部应聘登记表”后并与该员工面谈，并在“内部应聘登记表”上填写相应的内容，签署意见。

6.1.4 人力资源部安排应聘员工和空缺岗位的部门负责人或公司分管用人部门的高层领导面谈，必要时进行其他方式的测试。

6.1.5 人力资源部和用人部门对应聘员工的情况进行沟通，达成一致意见后重新核定工资水平，报总经理审批。

6.1.6 人力资源部将员工的调动信息通知员工本人以及调入、调出的部门负责人，同时抄送人力资源部其他成员，并在公司内发布公告。

6.1.7 人力资源部门在调动信息发出后督促员工进行工作交接，并给予必要的支持。

6.1.8 人力资源部门在员工正式调入新岗位前更新员工档案。

6.1.9 如应聘未成功，由人力资源部负责将结果通知应聘员工。

6.1.10 在没有职位空缺的情况下，员工调换岗位的申请参照以上步骤执行。

6.2 外部招聘步骤

6.2.1 公司各部门根据工作需要和岗位设置填写“增加人员申请表”，反映部门缺员情况及增人要求及理由，报公司分管用人部门的高层领导审核签字，交人力资源部审议，报公司最高领导审批，人力资源部根据批准后的申请表制订人员招聘计划，并负责联系有关部门进行招聘事宜。

6.2.2 人力资源部门选择适当的招聘渠道发布招聘信息，收集人员资料（应聘人员填写“求职申请表”）后进行初步的筛选，然后交用人部门负责人，由用人部门负责人根据岗位任职资格确定需面试的人选。人力资源部负责通知初选合格人员来公司进行面试、笔试。

6.2.3 人力资源部与需求部门协同组织应聘人员的面试工作，由人力资源部、空缺岗位的部门负责人面试应聘者填写“面试记录表”，也可结合具体情况组织考核，填写考核成绩记录，必要时也可进行其他方式的测试。

6.2.4 面试、测试后，人力资源部和用人部门对应聘者的情况进行讨论。如有必要时，则应提请公司分管用人部门的高层领导面试应聘者。

6.2.5 人力资源部门将“面试记录表”及考核成绩上报公司分管用人部门的高层领导，由公司分管用人部门的高层领导在“面试记录/评价表”上签署意见，确定试用员工名单；人力资源部按名单向应聘者发出初步录用意向，通知体检事宜，同时会通知有关部门负责人确定试用员工的薪酬水平。

6.2.6 人力资源部确认应聘者体检合格后，发出正式的录用通知，并确认具体的上班报到时间；同时将上班报到时间通知用人部门负责人，抄送人力资源部门其他成员，并在公司内发布公告。

第四节　管理表格

表格01：人员招聘申请表

表3-4　　人员招聘申请表

<table>
<tr><td colspan="2">申请部门</td><td colspan="2"></td><td>申请日期</td><td colspan="2"></td></tr>
<tr><td colspan="2">需求职位名称</td><td></td><td>需求人数</td><td></td><td>要求到岗日期</td><td></td></tr>
<tr><td colspan="2">申请原因</td><td colspan="5">□离职补缺：______ □替换人员：______ □岗位调动：______
□业务发展扩编，现有编制：______人 □新增职位，需附《工作说明书》</td></tr>
<tr><td colspan="7">职位要求</td></tr>
<tr><td colspan="2">项目</td><td>最低要求/底限水平</td><td colspan="2">项目</td><td colspan="2">最低要求/底限水平</td></tr>
<tr><td rowspan="2">基本期望</td><td>性别</td><td>□不要求 □要求：______</td><td rowspan="2">工作经验</td><td>行业背景</td><td colspan="2">□不要求 □要求：______</td></tr>
<tr><td>年龄</td><td>□不要求 □要求：______</td><td>工作年限</td><td colspan="2">□不要求 □要求：______</td></tr>
<tr><td rowspan="2">教育背景</td><td>学历</td><td>□不要求 □要求：______</td><td rowspan="2">必备技能</td><td>电脑水平</td><td colspan="2">□不要求 □要求：______</td></tr>
<tr><td>专业</td><td>□不要求 □要求：______</td><td>外语水平</td><td colspan="2">□不要求 □要求：______</td></tr>
<tr><td colspan="7">岗位要求</td></tr>
<tr><td colspan="7">职位描述</td></tr>
<tr><td colspan="7"></td></tr>
<tr><td colspan="2">部门主管申报</td><td colspan="5"></td></tr>
<tr><td colspan="2">人力资源部审批</td><td colspan="5"></td></tr>
<tr><td colspan="2">总经理审批</td><td colspan="5"></td></tr>
</table>

表格02：临时员工招聘需求表

表3-5 临时员工招聘需求表

部门		预算人数	
拟聘岗位		在位人数	
职级		现需人数	
用工性质	□劳动合同工 □聘用员工 □劳务派遣工		
班值类别	□日班 □夜班 □轮班 □两班□其他		
到职日期		此岗前任员工姓名	
每月工资			
职位要求			
性别	□男□女 □ 不限		
年龄		学历	
经验			
用人部门意见			
人力资源部意见			
总经理意见			

表格03：增补人员申请书

表3-6 增补人员申请书

申请单位		编制定额		现有人数	
拟增加（补充）人员数		报到日期			
增加补充人员理由					
增加补充人员经办工作事项					
人力资源部意见					
总经理意见					

表格04：招聘计划表

表3-7　　　　　　　　　　招聘计划表

日期：

<table>
<tr><td colspan="4">招聘目标</td></tr>
<tr><td>职位名称</td><td>数量</td><td colspan="2">任职资格</td></tr>
<tr><td></td><td></td><td colspan="2"></td></tr>
<tr><td></td><td></td><td colspan="2"></td></tr>
<tr><td colspan="4">信息发布渠道和时间</td></tr>
<tr><td colspan="4"></td></tr>
<tr><td colspan="4">招聘小组成员</td></tr>
<tr><td>组长</td><td></td><td>职责</td><td></td></tr>
<tr><td>组员</td><td></td><td>职责</td><td></td></tr>
<tr><td colspan="4">选拔方案及时间安排</td></tr>
<tr><td>招聘职位</td><td>步骤</td><td>负责人</td><td>截止时间</td></tr>
<tr><td></td><td></td><td></td><td></td></tr>
<tr><td></td><td></td><td></td><td></td></tr>
<tr><td></td><td></td><td></td><td></td></tr>
<tr><td colspan="4">费用预算</td></tr>
<tr><td colspan="2">项目</td><td colspan="2">金额（元）</td></tr>
<tr><td colspan="2"></td><td colspan="2"></td></tr>
<tr><td colspan="2"></td><td colspan="2"></td></tr>
<tr><td colspan="4">招聘工作时间表</td></tr>
<tr><td>时间</td><td colspan="3">工作内容</td></tr>
<tr><td></td><td colspan="3"></td></tr>
<tr><td></td><td colspan="3"></td></tr>
<tr><td></td><td colspan="3"></td></tr>
<tr><td></td><td colspan="3"></td></tr>
<tr><td>制订人</td><td></td><td>人力资源部签字</td><td></td></tr>
<tr><td colspan="4">总经理意见</td></tr>
<tr><td colspan="4"></td></tr>
<tr><td colspan="4">总经理签字：　　　　日期：</td></tr>
</table>

表格05：应聘人员登记表

表3-8　　应聘人员登记表

姓名		性别		出生年月		籍贯		照片
民族		婚姻		文化程度		身高		
详细地址				户口所在地				
本人简历								
工作经历								
应聘何种职务								
有何特长技能								
联系电话								
对应聘人员评价								
考官签字		人力资源部		总经理				

表格06：面试评分表

表3-9　　面试评分表

人力资源部初试评价（满分为50分）							
评估项目	5分	4分	3分	2分	1分	0分	评价说明
1．体态、仪容、举止、礼貌							
2．语言表达能力							
3．思维逻辑性、条理性							
4．人际关系处理能力							
5．正直坦诚度、人品、适应能力							
6．工作态度、责任感							
7．工作的稳定性、意愿、培养潜力							
8．学历、教育、职称、资格证书							
9．工作经历与岗位要求匹配性							
10．个性特征与企业文化相融性							
其他需要加分或者减分的方面							
初试得分				初试人			
初试评价：□优（45分以上）　□良（35～45分）　□中（30～34　）□差（30分以下）							

用人部门专试评价（满分为50分）			
评估项目	本栏满分	评价得分	评价说明
1．专业知识笔试	20		根据专业知识笔试得分（满分100分）×20%
2．工作经验是否符合、是否具备相应工作技能、工作能否胜任	20		
3．思维、表达、反应、判断、条理性、分析和解决问题的能力	5		
4．学习能力、创新精神	5		
其他需要加分或者减分的方面			
专试得分		专试人	
专试评价：□优（45分以上）　□良（35～45分）　□中（30～34）　□差（30分以下）			

备注：面试评价为优或良的可以进入下一轮复试，面试评价为中或差的直接淘汰。

表格07：复试通知书

表3-10　　复试通知书

________先生/女士： 　　您好！我们已认真阅览了您投递到我公司的简历，认为您基本符合我公司________职位的要求，请您与____月____日时带上您的相关证件（身份证、学历证、计生证、健康证等）来我公司进行复试，希望您能准时参加！ 地址：（略） 电话：______________　　联系人：__________ 乘车路线：（略） ××有限公司 ____年___月___日

表格08：员工录用通知书

表3-11　　员工录用通知书

________女士/先生： 　　您好！ 　　通过××有限公司的招聘选拔程序，您已被确定符合__________岗位条件并得到录用。请您仔细阅读以下内容，按要求备齐相关资料，在指定时间内到我公司人力资源部办理入职报到手续。 　　一、个人需准备及提交的资料 　　1．公司录用通知书（电子版或打印版）。 　　2．身份证原件。 　　3．户口本首页和个人信息页复印件。 　　4．毕业证书、学位证书及您曾获得的其他职业资格证书原件。 　　5．1寸、2寸近期免冠彩色照片各两张。 　　6．您服务的上一家企业出具的解除劳动关系的证明（应届毕业生除外）。 　　7．××市户口员工需要提供就/失业证。 　　二、入职时间、用工形式说明 　　1．入职办理时间：____年___月___日时；逾期未办理入职手续，将视为自动放弃，本通知书自动作废。

续表

2．用工形式：公司与您签订的首次劳动合同期限为_____年，其中根据相关法律法规和公司的规定，您的试用期将为____个月；在您试用期满考核合格后，您将成为公司的正式员工。

3．有关您的薪酬、福利以及工作条件等细节，将会在劳动合同中做详细规定，您可向人力资源部征询。

本通知如有其他未尽事宜将在劳动合同中予以详细说明，若本通知书内容与您未来的劳动合同内容存在冲突，一律以劳动合同规定为准。

如您有其他问题，我们建议您在____年____月____日前与人力资源部联系。

人力资源部联系人：________________ 联系电话：________________

××有限公司
人力资源部
_____年___月___日

表格09：招聘工作报告表

表3-12 招聘工作报告表

应聘人数	_____人	初试合格	_____人	面试合格	_____人
复试合格	_____人	合格率	_____%	招聘完成率	_____%
费用预算	_____元	实际支出	_____元	节约/超支率	_____%
预定时间	_____天	实际时间	_____天	提前/滞后率	_____%
计划招聘方式			实际采用方式		
各职位应聘情况报告					

序号	甄试职位	应聘人数	初试合格	复试合格	甄选人数	到岗试用

第五节　问题解答

问题01：如何改进中小型企业招聘工作问题

1. 注重内部招聘

在企业内部需建立公平竞争文化氛围，及时公布职位空缺情况，员工可以根据自身情况进行公开应聘。内部选拔所需资金少、效率高，更有针对性，还可激励员工。

2. 扩宽外部招聘渠道

外部招聘渠道有很多，中小企业应加强与高校及科研部门的合作，从中发现和挖掘人才。在合作中，不仅可以扩大企业的知名度，而且还可增进双方彼此了解，以便吸引人才。

在互联网发展迅速时代，网络招聘覆盖范围广，信息量大，收费低廉，应聘者素质高，适用于中小企业。与猎头公司保持紧密的联系，可以帮助中小企业更准确寻找优秀的高级技术人员或管理人员，减少因为错误招聘带来的损失。

3. 建立稳定的人才吸引机制

企业能否吸引和留住优秀的人才，应做好三点，即待遇、环境、感情。科学的运行激励机制，以保证人才在待遇上得到满足。适合的发展空间对企业吸引和保留优秀人才也至关重要。企业利益和个人利益相结合，不仅有利于企业目标实现，也能使人才发挥其作用。

4. 建立良好的企业文化

如果说资金、技术是企业的硬结构，那么企业文化就是企业的软组织，因为它可以增加企业凝聚力。企业文化有时会比物质激励更有效。执行良好的制度，离不开组织价值观和文化取向的认同。公平公正的文化氛围，还可推动建立企业内选拔机制。因此，企业一定要建立良好的企业文化。

问题02：在发布招聘广告时，需注意哪些事项

1. 发布信息应真实

《就业服务与就业管理规定》中明确规定，用人单位招用人员不得提供虚假招聘信

息，发布虚假招聘广告；用人单位违反该规定的由劳动保障行政部门责令其改正，并可处以1000元以下的罚款；对当事人造成损害的，应当承担赔偿责任。

用人单位发布人才招聘广告，不得超出有关部门核准的经营范围或许可范围；广告发布者不得为超出业务范围或许可范围的用人单位或委托单位发布人才招聘广告等。

2. 内容应契合招聘岗位需求

《就业服务与就业管理规定》中明确规定，招用人员简章应当包括用人单位基本情况、招用人数、工作内容、招录条件、劳动报酬、福利待遇、社会保险等内容，以及法律、法规规定的其他内容。此外，还包括报名的方式、时间、地点等。

其中诸如报名的方式、时间、地点等注意事项通常而言并不具有法律上的意义，仅起到事实的通知作用。尽管招聘广告是要约邀请，原则上对用人单位而言并不具有拘束力，但是招聘广告中的岗位信息以及应聘人员的基本条件等，则是可能产生法律上的效力的。

岗位信息实际上是确定人员招聘前提条件，应聘者通常会针对招聘广告所公示的某个具体的岗位提出求职申请。因此，当企业经过面试甄选确定录用人员时，其岗位确定原则上应该符合招聘广告的要求。

对应聘人员基本条件的要求对于企业考核录用人员具有重要的意义，因为《中华人民共和国劳动合同法》第三十九条规定：在试用期间被证明不符合录用条件的，用人单位可以即时解除劳动合同。但最高法院的司法解释说，如果辞退职工，应由用人单位一方举证证明员工不符合录用条件。何谓录用条件，尽管存在争议，但是用人单位招录条件通常被视为录用条件的重要内容。因此用人单位应该尽量明确录用条件。

3. 细化岗位职责

岗位职责问题，不仅关系到用人单位招什么样的员工、具体工作职责等问题，而且还是日后考核、解除劳动合同的重要依据。《中华人民共和国劳动法》和《中华人民共和国劳动合同法》都规定劳动者“不能胜任工作”是单位解除劳动合同的法定依据。因此在招聘广告中清晰表述岗位职责要求，可减少日后解除劳动合同争议，降低企业人力资源管理工作的风险。

问题03：招聘广告如何避免就业歧视

1. 合理确定招聘条件

就业歧视是对劳动者的平等权的侵害，如果企业想避免其招聘广告所确定条件构成就业歧视，就应承担证明其招聘条件具有正当性和合理性责任。因此岗位特点、就业需求是确定招聘条件的重要因素。

2. 招聘条件用语要尽量缓和，尽量不要采用刚性条件

目前国家对于就业歧视没有明确的规定，因此在司法实务中，是否构成就业歧视几乎完全依赖法官自由裁量。因此，企业应学会合理通过招聘广告设置和表达招聘条件，如多使用“优先”、“择优”等字眼。最终选择应该是基于对应聘者进行评估和考核之后合理选择，而不是基于某一个刚性标准。

3. 慎重表述或不表达

用人单位对招聘广告中部分内容，如果无法确定是否可能涉及就业歧视时，应该慎重表述或者不表达。

总之，企业招聘广告中应内容精练、表达准确，并不是越多越好，尤其是对部分内容存在模糊状态情形下，企业更应该慎重，应该选择更为柔和的语言或其他更为恰当的方式表述。

问题04：如何告知应聘者录用条件

录用条件的告知一般是在招聘广告中完成，广告中不够详细的内容则由招聘人员口头告知应聘者。但是对于没有通过媒体、劳动力市场、招聘网站等公开方式招聘的，录用条件的告知则更加简单和不规范。

如果劳动者不知道该录用条件，对用人单位是非常不利的。即便劳动者不符合录用条件，用人单位此时也不能解除劳动合同，因为员工完全以不知道录用条件要求为由，而不履行自己的劳动义务。

用人单位一定要保证在员工入职时即对录用条件明确告知，具体形式有以下几种：

(1) 通过招聘广告来公示，并采取一定方式加以固定，以免在争议发生时处于被动地位。

(2) 招聘员工时明示录用条件，并要求员工签字确认。

(3) 发送聘用通知时，向员工明示录用条件，并要求员工在回执上签字确认。

(4) 在劳动合同中明确约定录用条件或不符合录用条件的情形。

(5) 规章制度中只能对一般的“共性”问题加以确认，具体规定必须以劳动合同或其他单行文件加以确认。

问题05：怎样保证录用过程合法合理

一些企业习惯地认为招用员工是自己的事情，用谁不用谁有绝对自主权。实际上，虽然用人单位依法享有自主用人权利，但同时招工录用行为也受着许多法律约束。企业在招

聘过程中应该注意以下几点：

（1）劳动者就业，不因民族、种族、性别、宗教信仰等不同而受歧视。企业不得以劳动者的性别、民族、种族、宗教信仰为由拒绝录用或提高录用标准。此外，招聘广告中不应包含有意或无意的身高歧视、对“乙肝携带者”的歧视等。总之，用工歧视是招聘中的禁忌行为，一定要尽量避免。

（2）不得招用童工或无合法证件的人员。招用不满16周岁的未成年人则为使用童工。《禁止使用童工规定》第二条规定，国家机关、社会团体、企业事业单位、民办非企业单位或者个体工商户均不得招用不满16周岁的未成年人。禁止任何单位或者个人为不满16周岁的未成年人介绍就业。求职者应该出示证明其身份的合法证件。无合法证件将无法确认员工身份、无法为其办理社会保险、无法签订劳动合同。

（3）在招聘中向求职者收取应聘费用、保证金或抵押金，扣押求职者文凭或身份证件等，都应避免。因为这种做法侵害了职工合法权益，劳动部门将会予以纠正和制止，对非法收取货币和实物、证件等，责令用人单位退还劳动者。

问题06：怎样避免员工填写入职信息不准确

员工入职时都需要填写“入职登记表”，以此来记录员工基本信息，使得用人企业能更加全面了解和掌握员工信息，在有意外事件发生时，可以及时联系到员工的亲戚或朋友。

但并不是所有入职员工都能如实填写基本信息，作假情况屡见不鲜。为了能够取得这样一份工作，有的员工编造一些虚假信息企图蒙混过关。实际上，有些信息不实并无大碍，有些则会影响到劳动关系实际履行。比如员工的实际工作经验，本来用人企业聘用该员工就是因为其实际有在大型企业或者行业顶尖企业工作的经验才加以录用，但应聘者根本不具有一定条件。再如员工基本联系方式或亲友联系方式不实，使得在今后用人企业需要邮寄给劳动者的相关文件不能及时送达，由此产生无法控制的法律风险。

因此，对于虚假填写的行为可予以严厉禁止和处罚，甚至可以解除劳动合同。当然这需要在规章制度中予以体现，或者在员工录用条件中加以规范，总之必须要向劳动者出示公司对此的相关规定。

第四章

员工考勤与异动

内容提示 >>>

◇管理要点

◇管理流程

◇管理制度

◇管理表格

◇问题解答

第一节　管理要点

要点01：出勤时间与记录方法

一般而言，企业对员工的工作时间都有规定。如业务繁忙时应加班，因故未能出勤时则应请假。

1. 出勤时间

不同的企业，出勤时间会有所差别。例如工厂，大致规定如下：8：30～12：00；13：30～18：00；18：00以后为加班时间。

有些企业为了避开交通繁忙时间，而将上班时间提早30分钟，即8：00～12：00；13：30～17：30；17：30以后为加班时间。

2. 出勤记录方式

出勤的记录方式因企业规模及管理方式的不同而不同。很多企业每日由各部门统计出勤状况，然后报到人力资源部汇总。目前，企业采用较多的统计方法是打卡（卡钟）或刷卡（磁卡或IC卡）。

要点02：员工缺勤管理

缺勤主要是指违反企业劳动纪律的迟到、早退和旷工以及正常的请假而不能如期到岗的现象。一般企业或一些重要岗位员工缺勤会对正常生产造成不同程度的影响，因此，对缺勤现象应严格加以控制。如果缺勤的问题比较严重，则要认真分析，判断是哪种缺勤现象出现的频率高，其原因是什么，从而找出对策。

1. 迟到

因各企业的管理尺度不同，对于迟到所定的时间自然也不同。有的企业定在上班时间起，10分钟（含）或15分钟后才算迟到。不过，目前大多数企业将迟到时间定在自上班时间5分钟（含）后至15分钟后或30分钟内。

迟到的处罚也因企业而定。有的迟到一次记警告一次，多数企业则给予罚款处罚，以示警戒；一个月内不可以超过3次，否则以旷工论处。

2. 早退

早退的时间如同迟到一样。企业一般根据自己的规章制定，提前5分钟（含）以上30分钟以内下班者，视之为早退。

3. 旷工

旷工所定的时间标准，是在迟到或早退的时段以外的缺勤时间。旷工多以小时为单位，不足1小时以1小时计；超出1小时不足2小时的，以2小时计。依此类推。

4. 请假

从缺勤的角度来看，请假属于正常缺勤。不过，由于假别的不同，请假也有扣薪与给薪之分。如病假，可给半薪；工伤假给全薪并不扣全勤，年休假亦同；而丧假、婚假、产假虽然给薪，但却要扣全勤；事假则为无薪等。

对于缺勤中的这些细节，人力资源部要准确掌握。因为这关乎企业的管理，也关乎员工的工资。因此尺度稍微把握不好，就有可能影响考勤工作的严肃性，也有可能打击员工的积极性。

要点03：加班管理

1. 加班申请

加班应事先申请。一般而言，加班必须由直接主管填写加班申请单，经上级主管核准后，于下班前30分钟送达人力资源部。

2. 加班汇总

人力资源部每日将各部门加班申请单汇总，计算出人均加班时数，并呈人力资源部经理和企业最高主管审核加班时数合理与否。

3. 加班打卡（刷卡）

加班的上下班都要打卡（刷卡）。一般正常班与加班要间隔30分钟，供加班员工用餐及休息。

4. 核对实际加班

人力资源部应该于次日上午，将各部门的加班申请单和出勤卡（或出勤资料）进行核对。企业员工多的，则先由各部门助理核对，经部门主管核实无误后，统一交人力资源部统筹，以此了解实际加班情形。

若有申请加班而未加班者，应了解原因；若有未申请加班而加班者，应由其主管签名核认方可；加班期间人力资源部应该根据申请单进行抽点，以免有虚报加班的现象。

5. 加班津贴

加班费的计发方式，依《中华人民共和国劳动法》的规定，平时加班以平日工资的1.5倍计算，休息日以2倍计算，法定假日以3倍计算；至于加班时数的限定，则依企业性质的不同，参照《中华人民共和国劳动法》规定办理。

要点04：员工出差管理

1. 出差申请

在出差之前，出差者应填写“出差申请单”，出差的期限由出差人员所在部门主管视出差任务的需要，事先予以核定。出差者填写完出差申请单后应上交部门主管。

出差申请单上通常要注明以下几点内容：出差人姓名、出差时间、出差地点、出差任务、出差费用。

2. 出差审批

出差审批关键在于对出差审批权限的管理，出差的审批权限视出差人员的职位高低和出差时间长短而定。一般而言，企业部门经理或副经理以下的人员出差，时间若在1天以内（包括1天），由所在部门经理或副经理批准；时间若在1天以上，由总经理或副总经理批准。部门经理或副经理出差，一律由总经理批准。

出差申请单经审查批准后，可凭其填写借款（预支）单，到财务部办理借款（预支）手续。

3. 销差

出差结束后回到企业，出差者应立即到有关部门报到销差，并尽快写出详细的出差汇报，送有关领导审阅。

4. 差旅费

出差回来后4天内，出差人员应到财务部办理报销手续。逾期不报者，若无特殊理由，财务部有责任检查，并按相关规定予以处理。

各企业自身情况不同，其出差费用管理形式也往往有所不同。一般遵循五个原则：

（1）正常工作时间内出差，按平时薪金的标准报销。

（2）正常工作时间外出差，按加班费的标准报销。

（3）节假日出差，视具体情况计酬。

（4）出差行程中出现伤病情况，费用可以报销。

（5）没有正当原因而耽误出差行程，额外时间的费用一般不予报销。

要点05：新进员工报到资料

1．新进员工应携带的资料

一般而言，新进员工在接到企业的录用通知后，应携带以下证件到企业报到：

（1）身份证正本。

（2）学历学位证正本。

（3）特殊岗位资格证书正本。

（4）健康证。

（5）计划生育证正本。

（6）其他需交验的证件。

以上报到资料，并不是所有企业都要求必须携带，具体根据每个企业的需要而增减。报到资料应于报到之日交齐，因此企业应给新进员工一定的时间供其办理。如果企业用人在即，便可让其先报到，并限定员工在一定时期内补交齐上述资料，对不交者企业可不予核薪。

2．报到时填写的资料

新进员工在报到时应填写以下表格：

（1）员工保证书。财务、保安、仓管、报关等工作人员，一定要填写员工保证书。

（2）新进员工须知。新进员工到岗第一天，普遍会有“什么都摸不着门”的感觉。甚至不知道几时上班，是否需要打卡等简单问题。为了帮助他们了解企业的基本管理制度，尽快融入企业文化，宜在其报到当天发给新进员工报到须知或由人力资源部组织对其进行简单的培训。

（3）办理暂住证登记表。该表格适用于那些非本地户的居民，一时还不能取得本地户口或者无须本地户口的新进员工。

3．填写新进员工报到会签单

员工办理报到手续后，人力资源部应填写新进员工报到会签单，并依照表内项目发放相关物品，例如，出勤卡、识别证、厂服、文具、工作规范、员工手册等，然后安排食宿后，领往报到部门上任。报到部门助理会为其申请财务、信息方面等资料，最后将新进员工资料录入计算机系统。

要点06：迎接新员工报到准备工作

1. 进入企业前受理准备

在新进员工进入企业前，人力资源部应做好以下工作：

（1）上班通知里附上新进员工本人进企业的契约书、保证人的身份证明书，指示其填好后在上班当天带来。

（2）进入企业的事前准备项目里，特别不能忘记的是桌椅、置物柜等的准备。有库存备品则没问题，若无则要将采购此类物品加在受理事务上。

（3）需要名片的部门有新进员工时，事前需印制好名片。这样在上班后的拜会时可立即使用。

（4）检查配属部门、制成配属通知书等。

（5）检查并制成上班当天的活动计划表。

2. 新员工报到当天准备工作

在录用者报到受理日前，依事先制订好的受理计划表，再度确认受理程序。短时间内做好早会介绍程序的再确认、报到手续结束后的借用或分发物品的再检查。其具体事项如下：

（1）当天要较平常提早到企业。因有些新进员工会早到企业，接受报到的人力资源部务必有所应对。

（2）不要让新进员工徘徊失措，一定要准备好新进员工休息室。

（3）休息室里放置黑板，公布这一天的所有预定行程。

（4）休息室里可摆设些插花或盆景等。

（5）当天举办受理的地点，若是在最近的车站或站牌不易了解的位置，则要在重要地方张贴指示图。

（6）制成员工专用停车场的指示地图，张贴在明显的地方。

3. 受理方法（新进员工报到当天）

准备工作完毕后，马上开始录用者的报到受理事项。报到当天受理的要点为：

（1）在早会时向全体人员介绍，在短时间内让新进员工融入企业。这样做颇具效果。

（2）董事长（总经理）的训示很有必要。在当天让新进员工听取高层经营者的想法，是理解企业经营方针的绝佳机会。

（3）可行的话，制造与董事长对谈的机会也是个好方法。

（4）报到手续要简洁。最好做成报到手续一览表，以完成一项便减去一项的方式快速审理各项资料。

表4-1　　报到手续一览表

借用物品 （离职时归还）	（1）职员证章。 （2）员工制服。 （3）桌子及置物柜的钥匙。
分发物品	（1）董事长给家长的问候信。 （2）员工手册。 （3）配属通知。 （4）公司组织图或介绍图。
缴领物品	（1）保证人的身份保证书。 （2）本人的契约书。 （3）借用品受领书。 （4）雇用保险资格取得书（确认是否盖章）。

（5）报到手续完成时发给配属通知（一般来说，配属通知大多在早会时由董事长亲自交给）。

（6）依企业情况的不同，可同时分发职员证章、员工制服等。

（7）交给配属通知后，再介绍、分配新进员工予各配属的部门。

至此一连串的录用报到手续就完成了。

要点07：新进员工试用

报到手续完毕后，新进员工即进入试用期的培训、观察、考核阶段。通常企业对新进员工的试用，会将直接人员（作业员类）与间接人员（技术、管理类）的试用期作区别，前者试用期较短，有一星期、半个月、一个月等不同，后者则最短也需要一个月，方能观察出被试用者能力与否。

在一些管理较规范的企业，新进员工在试用过程中还会面临一系列的考试与评估作业。如此，一来可加快员工的适应能力，二来也可帮助人力资源部作为新进员工考核调查。

试用结束前，人力资源部应在期满前三五天，将新进员工试用考核表送交用人单位直属主管，经其初考后再呈上级主管复考。考核结果可能是停止使用或正式任用，如有必要也可延长试用期。

要点08：新进员工提前转正与辞退

按企业正常的用人规定，新进员工试用的结果有可能是提前转正、按期转正或辞退，这都要按程序进行。

对于试用期间表现优异、事迹突出、试用期考核成绩为优秀的新进员工，部门可申请为其办理提前转正。由部门主管填写新进员工试用期转正考核表，经总经理审批后交人力资源部。

员工试用期不符合录用条件、试用期考核成绩为尚待改进的，由部门主管与员工面谈后，填写试用期辞退建议表，并督促新进员工到人力资源部领取试用期劳动关系终止通知书，人力资源部协助其办理辞退手续。

要点09：员工晋升管理要领

（1）企业对员工的晋升，应考虑其适应性，采取“阶梯晋升”和“破格提拔”相结合的方式，原则上每次晋升一级。

（2）职位晋升应受部门编制限制，遇有空缺时方可办理。若因编制已满，不得予以职位晋升。

（3）各主管职位空缺时，应以内部晋升为首选。试用不合格者，调回原工作岗位或由公司另行安排，其薪资将随岗位变化作出相应调整。

（4）因晋升条件不足而代理管理职务者，经培训、试用、考核后，如具备晋升条件方可晋升，否则选聘他人。

（5）员工当年度受警告或小过（含）以上处分者，自惩处生效日起6个月内不予办理晋升。

（6）员工晋升后，若因工作不能胜任该职或犯有过失，公司可视情节轻重作出降级或免职的处理。

要点10：降职员工常见心态

被降职的员工一般会有这样三种心态：一是觉得很没面子，同事面前抬不起头来，亲属朋友面前无法交代；二是不服组织处理结果，认为不是自己的原因，找理由归因于外；三是积极调整心态，勇于面对挫折和挑战。

（1）对持第一种心态的员工，应给予更多关心与呵护，多鼓励、多沟通。尤其是当员工在新的岗位上做出成绩后，更要及时反馈，以增强其自信心。

（2）对持第二种心态的员工，要给予明确的批评与教育，并说明不做自我反思的后果，帮其重新认识自我，然后视其行为改变情况再行处理。对冥顽不改，不做反思的，必须与其解除聘用协议，不可再用；对有所认知与进步的，可与第一种情况等同对待。

(3) 对持第三种心态的员工，则是企业应着重培养的对象，其潜力往往很大。对有潜力的降职员工，人力资源部要对他们过去有贡献的方面给以适当肯定，还要与其一同深刻剖析自我，认知自我，调整心态，对其进行能力培养，一般都会收到良好的效果。

要点11：离职面谈有效管理

离职面谈并不是一项简单的工作，需要特殊的技巧，这包括提供安全舒适的沟通环境，建立和睦的关系和专业地运用探测性问题。

离职面谈不仅仅是两个人之间的一般谈话，其内容要经过专门的调查、表述、编辑，以确保其内容充实清晰，具有连贯性，容易理解。

一个有效的面谈可以增进了解，消除误解，甚至化解矛盾，因此人力资源部应有目的地做一些面谈的准备。

(1) 人力资源部应及早约定面谈时间，选择较安静而不易被打扰的环境，坦诚相对，从轻松的问题入手，以开放性的问题为主，让员工能够依照个人经验回答。

(2) 避免问一些指向不明的问题，让离职员工无拘无束地谈论问题并注意保守员工的秘密。

(3) 通常应在人力资源部门得到准确的离职信息备案后进行安排和处理。离职信息的来源会有多条途径，如来自员工、部门经理、公司领导、小道消息和公司外部信息。

(4) 向员工所在部门的主管了解情况，并了解和确认部门主管对离职事件结果的期望。

(5) 查询员工的劳动合同执行情况和附属协议情况（培训协议、保密协议、服务合约等），财务借款情况、设备领用情况、工作中涉及款项的应收应付情况等。

(6) 根据了解的具体情况，判断离职的性质是辞职还是辞退，并确定《劳动法》中劳动合同终止或解除的法律适用。

(7) 与员工所在部门主管沟通初步的面谈方案，确认部门主管和人力资源部工作目标的一致。

(8) 约见员工，判断员工的即时反应，做好面谈的心理准备。

第二节 管理流程

流程01：新员工入职流程

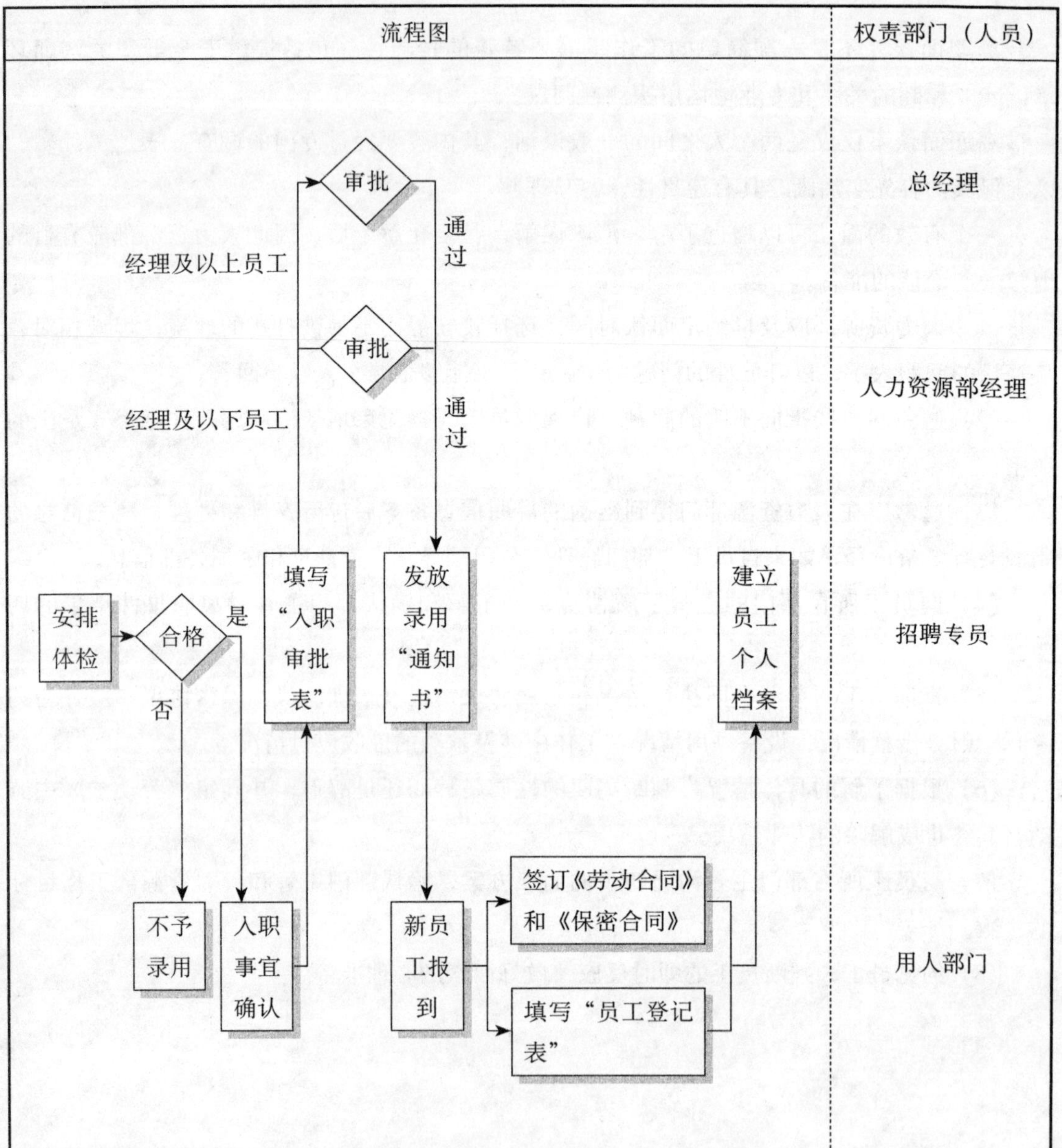

新员工入职流程图

流程02：试用期评估流程

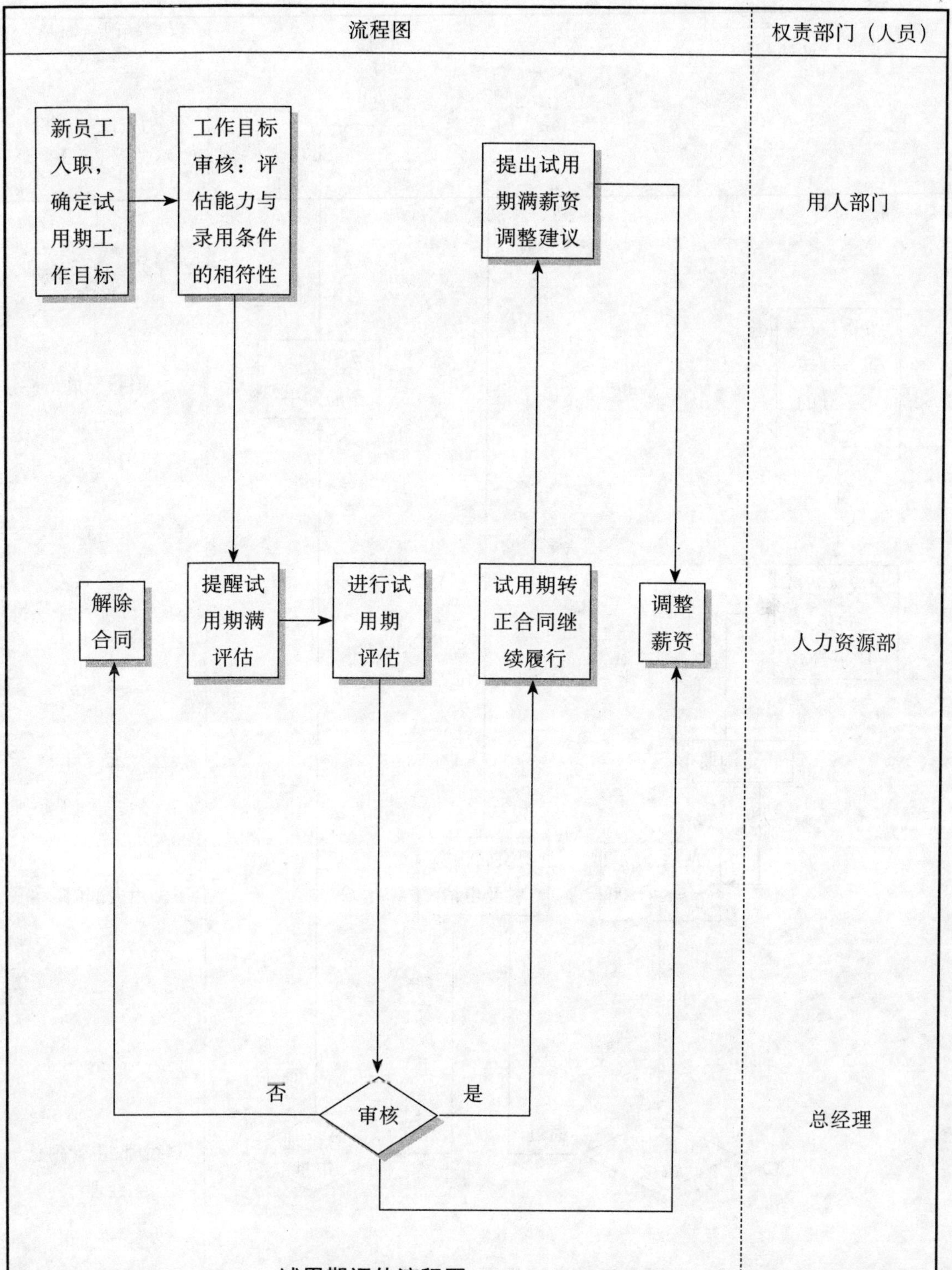

试用期评估流程图

流程03：新员工转正流程

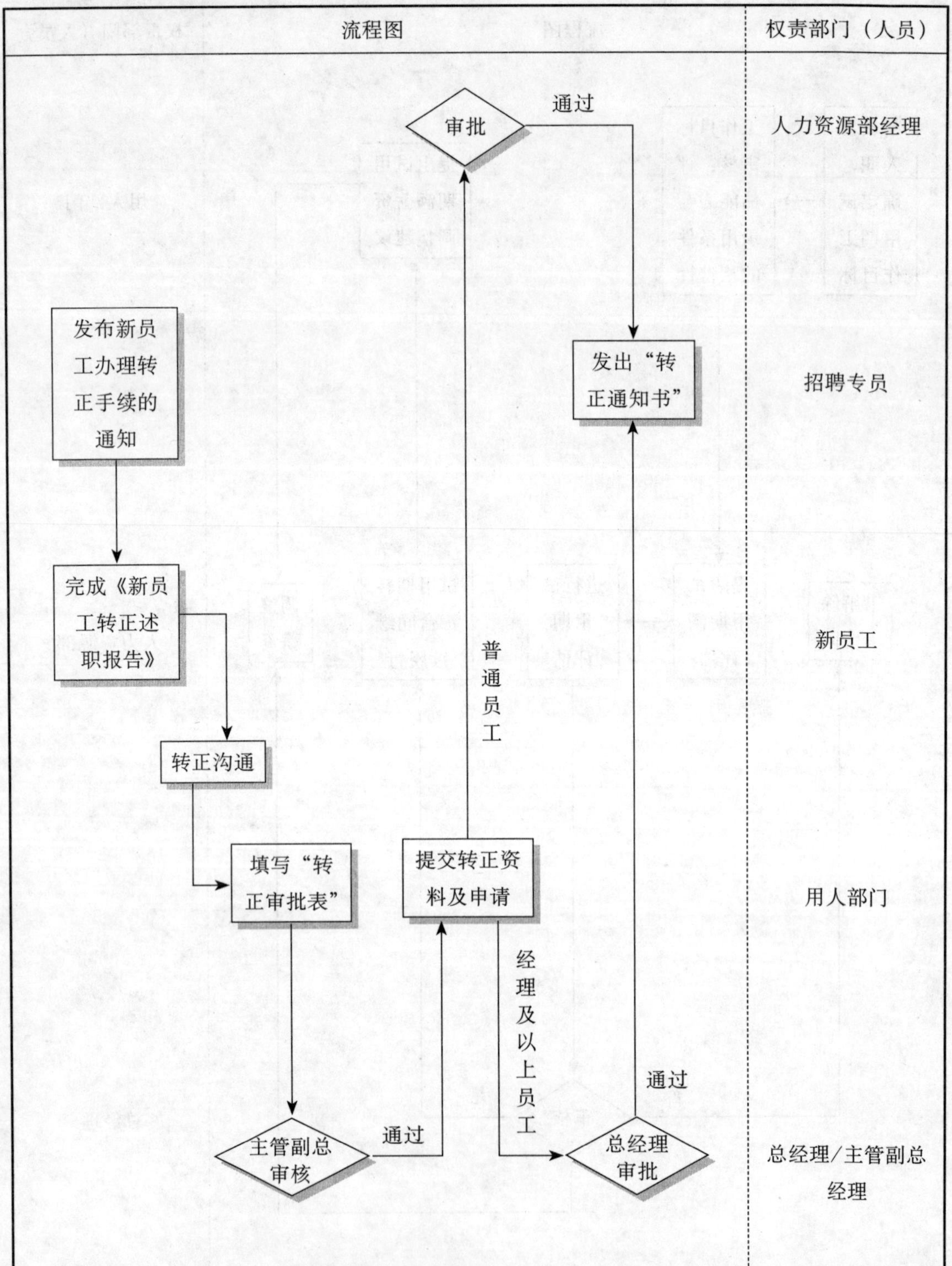

新员工转正流程图

流程04：平级调动流程

流程图	权责部门（人员）
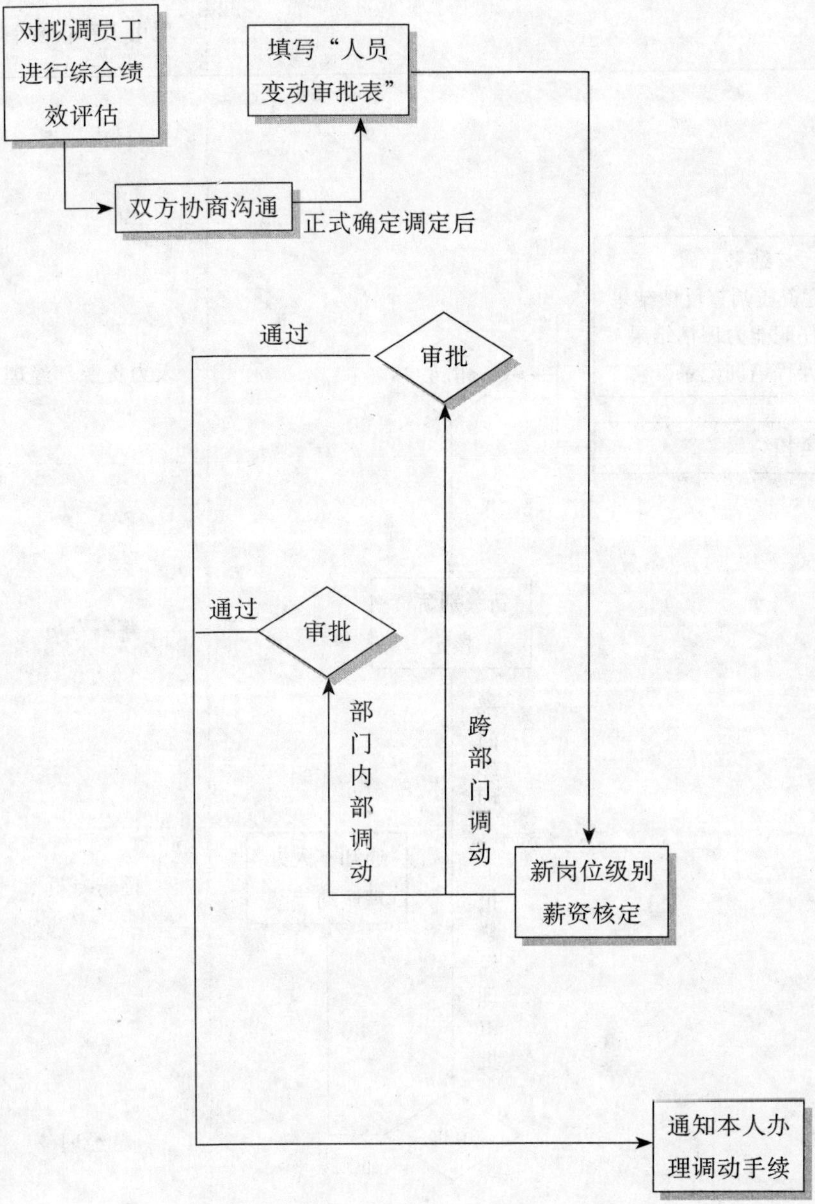	现用人部门主管（经理） 拟用人部门主管（经理） 人力资源部经理 薪酬专员 招聘专员

平级调动流程图

流程05：员工晋升流程

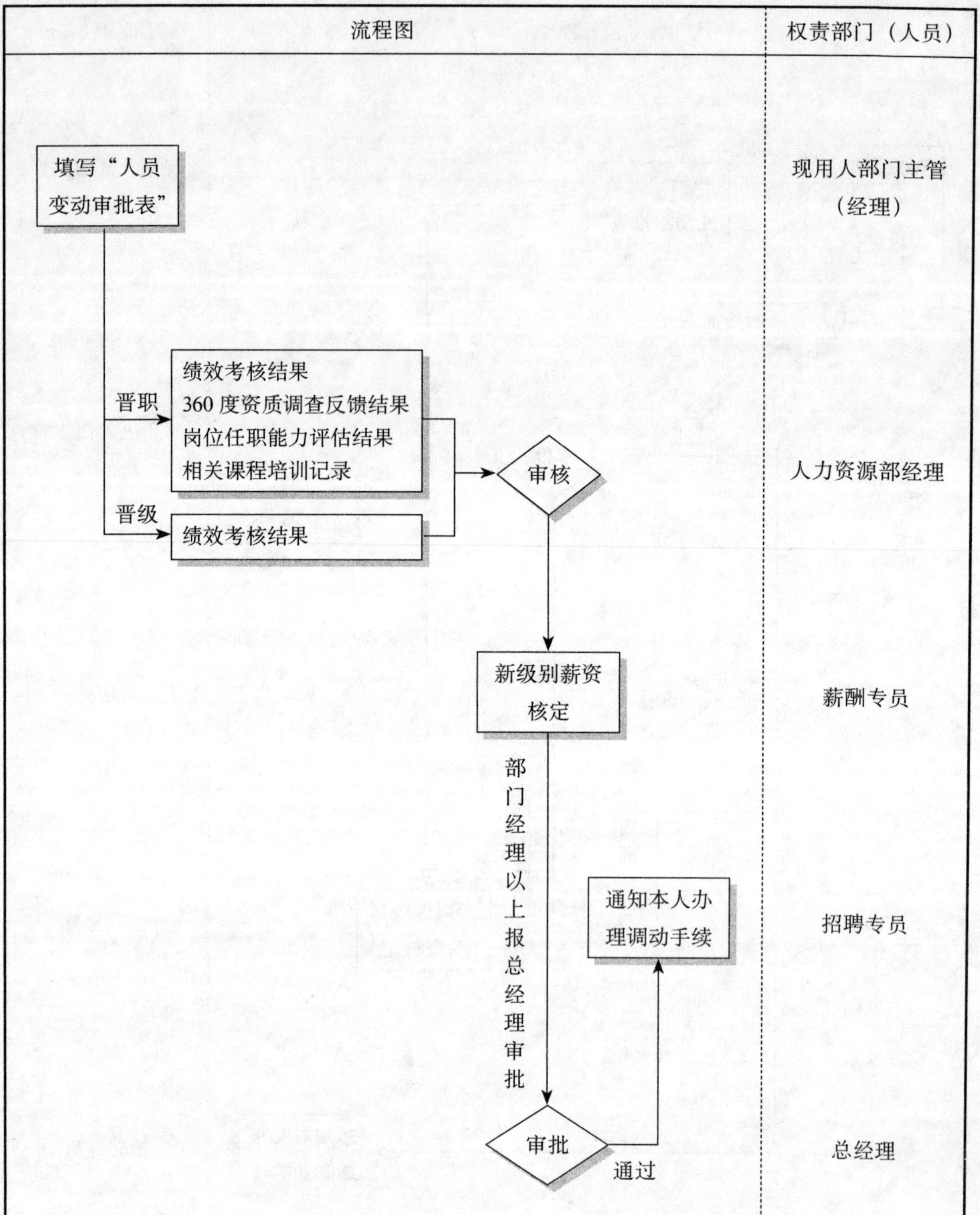

员工晋升流程图

流程06：员工降职流程

流程图	权责部门（人员）
见下图	现用人部门主管（经理） 人力资源部经理 薪酬专员 招聘专员 总经理

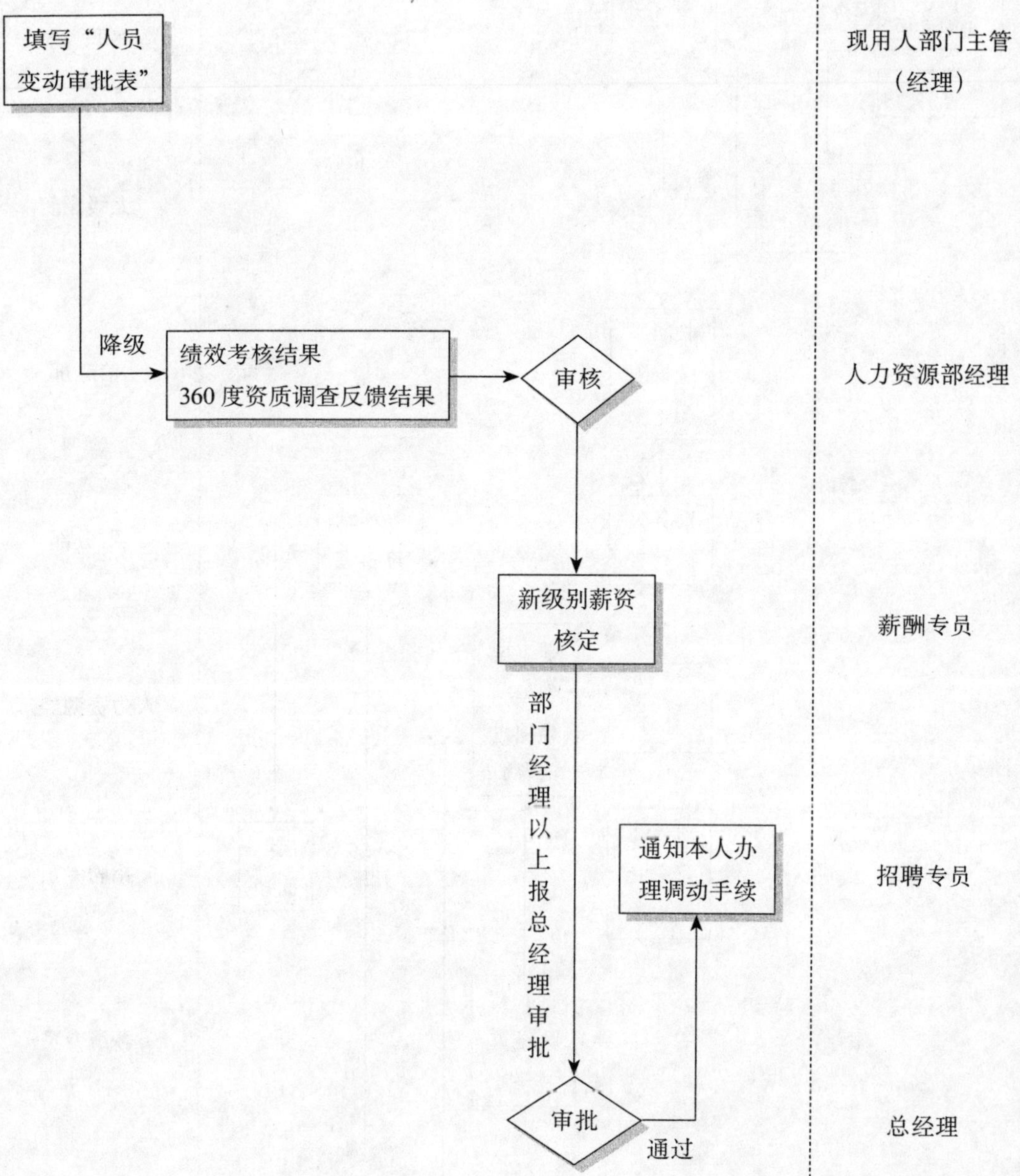

员工降职流程图

流程07：离职办理流程

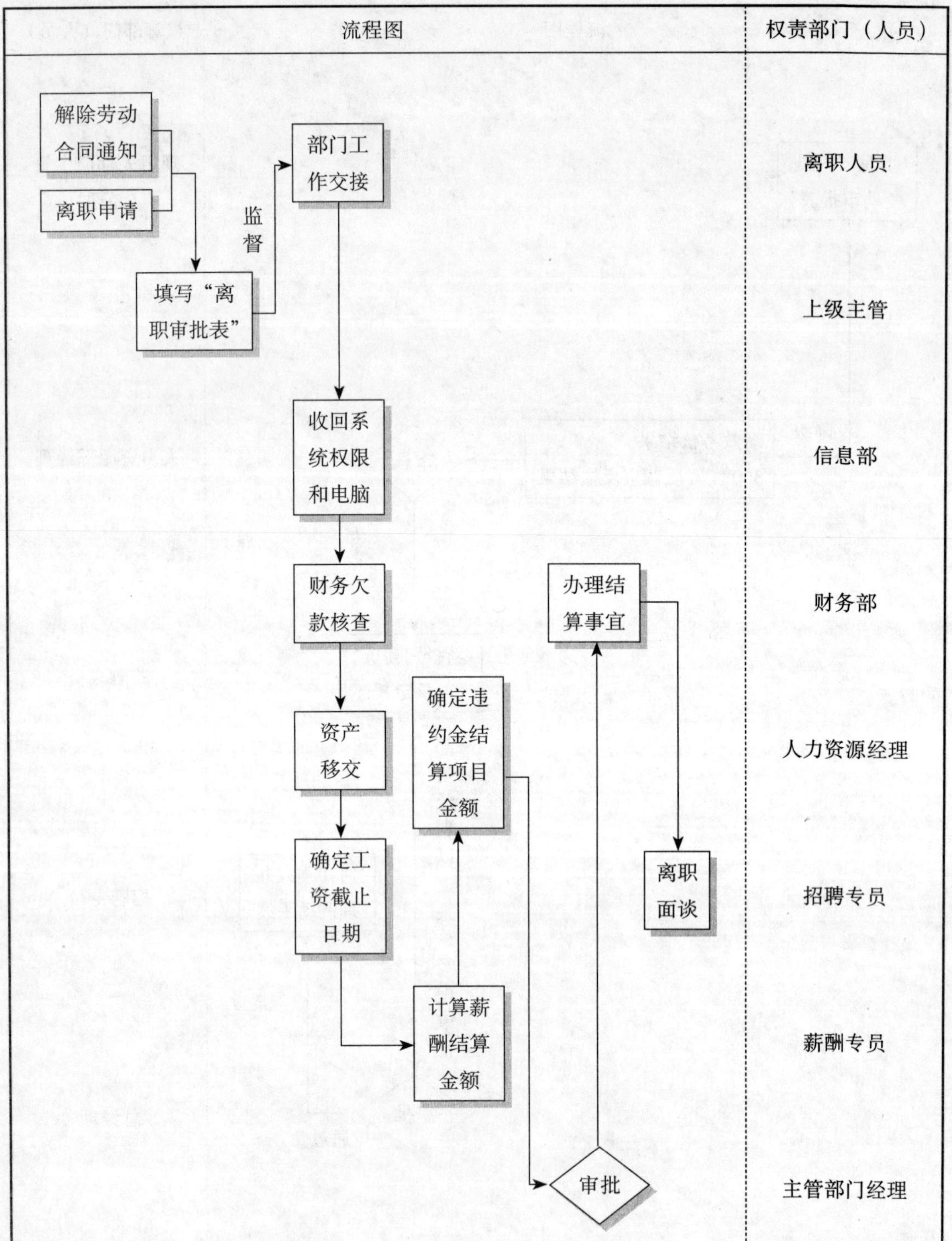

离职办理流程图

第三节 管理制度

制度01：新员工试用期管理制度

1. 目的

为了规范新员工的试用期管理，特制定本制度。

2. 适用范围

适用公司对所有新入职员工的管理。

3. 权责

人力资源部负责新员工的试用期管理。

4. 制度内容

4.1 入职适应

新员工办理入职手续完后，进入5个工作日的适应期（含职前培训期，不含节假日）。在此期间如本人提出辞职或由于不合适岗位要求而给予辞退的，企业不给予计薪。

4.2 试用期限

4.2.1 适应期合格者进入试用期，员工试用期一般为3个月（从入职第一天开始）。

4.2.2 有突出表现者可申请提前转正，试用期最少1个月。

4.2.3 试用期结束后，不能达到工作要求，部门负责人有权延长其试用期。但最长不得超过6个月。

4.2.4 特殊人才经总经理批准方可免予试用期。

4.3 试用期劳动合同

新员工适应期合格当日，在双方协商一致的情况下，签订试用期劳动合同，共同遵守合同所列的条款。

4.4 试用期跟进

4.4.1 沟通跟进。

试用期间，人力资源部和部门主管要与新入职的员工进行沟通，及时了解新员工在企业工作的感想；存在的困难；需要寻求的帮助、支持和思想动态等情况。

4.4.2 跟进时间和依据。

人力资源部需对新进人员进行跟进，跟踪时间分别在新员工入职的一周、两周、一月，由新员工和部门主管填写“新员工跟进表”，该表作为新员工转正考核的依据之一。

4.5 试用期责任事项

表4-2 试用期责任事项

序号	新员工		人力资源部		部门主管	
	事项	时限	事项	时限	事项	时限
1	参加职前培训	根据安排	企业文化介绍	入职前3天	业务培训	根据实际情况
2	阅读《员工手册》	入职1周	制度考核	入职10天内	/	/
3	编写工作日志	每个工作日	工作日志检查	每周一	工作日志汇总检查	每周六
4	描述工作职责	入职1周内	工作职责描述检查	入职10天内	目标分解、工作分配、工作指导	入职1周内
5	填写《新员工跟进表》	入职1周、半月	新员工跟进	入职1周、半个月、2个月	试用期考核	入职1个月、2个月
6	对企业各方面提出意见与建议	入职15天内	意见收集汇总上报	每个月	/	/
7	提出问题	平常	新员工沟通	平常	新员工沟通	平常

4.6 试用期离职

4.6.1 辞退。

试用期间新员工若有严重违规行为或能力明显不足，应立即停止试用，由其部门负责人填写“员工离职申请表”，陈述事实与理由，报送所在企业人力资源部审核；审核通过后，由人力资源部向被拟辞退员工发出“离职通知书”，同时其部门负责人与人力资源部分别与其进行沟通，然后通知本人办理离职手续（详见员工离职管理制度相关规定）。

4.6.2 辞职。

4.6.2.1 对拟辞职员工的要求。试用期间新员工若要辞职，提前3天向部门负责人提出辞职申请，填写“员工离职申请表”，陈述原因，报人力资源部。

4.6.2.2 人力资源部的责任。人力资源部与其部门负责人应分别与其进行沟通，了解员工真正离职的原因。了解其在生活和工作中存在的困难并给予帮助与支持，竭力挽留员工的流失。若沟通无效，报企业权限领导审批后办理离职手续。

4.7 试用期变更

4.7.1 凡需缩短或延长试用期限，其部门负责人应详述原因及理由。

4.7.2 下属机构其他新人员报所在企业人力资源部审核即可。

制度02：员工辞职管理办法

1．目的

为保证公司人员相对稳定、维护正常人才流动秩序，特制定本办法。

2．适用范围

适用于企业员工的辞职管理。

3．辞职程序

（1）员工应于辞职前至少1个月向其主管及总经理提出辞职请求。

（2）员工主管与辞职员工积极沟通，对绩效良好的员工努力挽留，探讨改善其工作环境、条件和待遇的可能性。如挽留无效，可按该程序办理离职手续。

（3）辞职员工填写辞职申请表，经各级领导签署意见审批。

（4）员工辞职申请获准后，则办理离职移交手续。公司应安排其他人员接替其工作和职责。

（5）在所有必需的离职手续办妥后，到财务部领取工资。

（6）公司可出具辞职人员在公司的工作履历和绩效证明。

4．离职谈话

4.1 部门经理与辞职员工谈话

4.1.1 审查其劳动合同。

4.1.2 审查文件、资料的所有权。

4.1.3 审查其了解公司秘密的程度。

4.1.4 审查其掌管工作、进度和角色。

4.1.5 阐明公司和员工的权利和义务。

4.2 人力资源部经理与辞职员工谈话

4.2.1 收回员工工作证、识别证、钥匙、名片等。

4.2.2 审查员工的福利状况。

4.2.3 回答员工提出的问题。

4.2.4 征求其对公司的评价及建议。

4.3 辞职电话交谈

辞职员工因故不能亲临公司会谈，应通过电话交谈。

5.辞职手续

5.1 辞职员工应移交工作及物品

5.1.1 公司的文件资料。

5.1.2 公司的项目资料。

5.1.3 公司价值在××元以上的办公用品。

5.1.4 公司工作证、名片、识别证、钥匙。

5.1.5 公司分配使用的车辆、住房。

5.1.6 其他属于公司的财物。

5.2 其他

5.2.1 清算财务部门的领借款手续。

5.2.2 转调人力资源关系、档案、党团关系、保险关系。

5.2.3 辞职人员若到竞争对手公司就职，应迅速要求其交出使用、掌握的公司专有资料。

5.2.4 辞职人员不能亲自办理离职手续时，应寄回有关公司物品，或请人代理交接工作。

6．工资福利结算

6.1 工资福利截止日期

辞职员工领取工资，享受福利待遇的截止日为正式离职日期。

6.2 辞职员工结算款项

6.2.1 结算工资。

6.2.2 应得到但尚未使用的年休假时间。

6.2.3 应付未付的奖金、佣金。

6.2.4 辞职补偿金。按国家规定，每年公司工龄补贴1个月、最多不超过24个月的本人工资。

6.2.5 公司拖欠员工的其他款项。

6.3 需扣除项目

6.3.1 员工拖欠未付的公司借款、罚金。

6.3.2 员工对公司未交接手续的赔偿金、抵押金。

6.3.3 原承诺培训服务期未满的补偿费用。

如应扣除费用大于支付给员工的费用，则应在收回全部费用后才予办理手续。

7．附则

（1）公司辞职工作以保密方式处理，并保持工作连贯、顺利进行。

（2）辞职手续办理完毕后，辞职者即与公司脱离劳动关系，公司也不受理在3个月内提出的复职要求。

(3) 本办法由公司办公室主任解释、补充，经公司总经理批准颁行。

制度03：员工离职管理规定

1．目的

为了完善公司内部员工在不同情况下离职的制度管理，有效针对内部劳动力市场的竞争及淘汰机制的公平、合理，使之规范化，特制定本规定。

2．适用范围

适用于公司所有在职人员的离职管理。

3．权责

3.1 辞职人员

辞职时需提前填写“离职申请单”，并在离职之日办理离职移交手续。

3.2 各部门主管或经理

负责对下级辞退、开除的员工填写“离职申请单”；负责对组长级以下人员辞职申请签核；负责与离职人员的面谈记录，离职人员工作、物品交接的审批。

3.3 总经理

负责组长级（含）以上人员辞职申请签核。

3.4 人力资源部

负责离职人员证件、物品的收回，计算出勤；负责主管级以下人员薪资的核算，放行检查。

3.5 财务部

负责离职人员薪资审核及发放、主管级（含）以上人员薪资的核算；负责“薪资代领单”的保存。

4．作业内容

4.1 离职类别

4.1.1 终止合同。

4.1.1.1 劳动合同期满或双方约定的劳动合同终止条件出现，劳动合同即行终止。

4.1.1.2 劳动合同临近期满，公司提前30日通知欲继续录用者，双方商谈续签合同。未接到公司通知者，其劳动合同按期终止。本合同期满前30日内，若任何一方未提出续约意向，合同期满时自动终止。

4.1.1.3 除双方在劳动合同中另有约定外，以下条件为劳动合同终止条件：

(1) 不符合录用条件者，通过隐瞒实情获得转正。

（2）政府规定持证上岗的工种如司机、财务人员等，其持证资格丧失。

（3）本公司经营期满。

4.1.1.4 员工有下列情形之一的，公司可以终止合同，但应以书面形式提前30天通知员工：

（1）被证明不符合任职资格的。

（2）绩效考核连续两次不合格的。

（3）有重大隐瞒及虚假申报的。

（4）不能或不愿服从公司正常调动的。

4.1.2 协商解聘。

4.1.2.1 经劳动合同当事人双方协商一致，劳动合同可以解除。

4.1.2.2 如员工首先提出解除劳动合同，公司不给予经济补偿；如公司首先提出解除劳动合同，公司将根据地方政府的有关规定给予员工经济补偿。

4.1.3 辞退性解聘。

4.1.3.1 员工有如下情形之一者，公司有权单方解除与其的劳动合同，并且不向其支付经济补偿金：

（1）在试用期间被证明不符合录用条件者。

（2）严重违反劳动纪律或公司规章制度者。

（3）严重失职，营私舞弊，对公司利益造成重大损害者。

4.1.3.2 有下列情形之一者，公司在提前30日以书面形式通知员工本人后，可以解除与其的劳动合同，并按国家有关规定向其支付经济补偿金：

（1）员工患病或非因工负伤，医疗期满后，不能从事原工作也不能从事由用人单位另行安排的工作者。

（3）员工不能胜任工作，经过培训或者调整工作岗位，仍不能胜任工作者。

（4）劳动合同订立时所依据的客观情况发生重大变化，致使原劳动合同无法履行，经双方协商不能就变更劳动合同达成协议的。

4.1.3.3 因公司缩减业务范围或因公司经营条件或管理方针变化而产生冗员，公司有权依法裁减员工人数。

4.1.4 辞职性解聘。

4.1.4.1 在试用期内的员工可随时提出辞职并解除劳动合同。

4.1.4.2 员工提前30日以书面形式通知公司，可以解除劳动合同。

4.1.4.3 对负责保守公司商业秘密的员工，如其提出解除劳动合同，应提前6个月通知公司。

4.1.4.4 员工有以下情形之一者，不得解除劳动合同。否则公司将按旷工处理，并保留依法追究法律责任的权利：

（1）给公司造成经济损失尚未处理完毕者。

（2）在劳动合同中与公司就出资培训、分配住房等有服务期的约定，且服务期未满者。

（3）被有关国家机关依法审查尚未结案者。

4.1.5 开除。

员工因触犯法律，严重违反公司规章制度或犯严重过失者，给予开除，计薪到开除日止。

4.1.6 自动离职。

凡无故擅自旷工3日以上者，均作自动离职论，不予结算任何工资、福利。

4.1.7 退休解聘。

员工男60岁，女50岁，女干部55周岁，无论合同是否到期，均按国家规定办理退休，并按国家规定享受退休待遇。年龄已到，但仍可胜任工作，经总经理特别批准留任者除外。

4.2 离职申请

辞职需提前填写申请“离职申请单”，组长级以下人员辞职需提前15日，组长级（含）以上人员辞职须提前1个月。

4.3 离职手续

4.3.1 各部门人员需辞职时，由其部门文员到人力资源部领取“离职申请单”，由辞职人员本人填写，组长级以下人员辞职申请签核至本部门最高主管，组长级（含）以上人员辞职申请签核至总经理。逐层签核后，由其部门文员交人力资源部。

4.3.2 人力资源部依据已核准的正式离职日期，通知离职人员办理离职手续。离职人员到人力资源部领取“离职申请单”后，依照离职手续上所列事项，到所在部门、人力资源部办理工作交接、印章、钥匙、所领物品、厂证、饭卡、所借物品等移交手续，由经办人员签名。主管级（含）以上人员需附有“工作交接清单”。各种移交手续办妥后，交人力资源部核算薪资。

4.3.3 薪资结算方式。

4.3.3.1 员工辞职者。

为了配合财务每月的收支预算，所有辞职人员的薪资均需等公司统一发薪日方可领取，或可填写“薪资代领单”采用薪资代领方式领取。

4.3.3.2 急辞即走者。

因员工的急辞工，给公司的人员安排及增补造成困扰，从而影响生产，所以要求急辞工人员给予相应的补偿，特规定急辞工人员在薪资结算时扣工资总额的40%，薪资在离职之日发放。

4.3.3.3 工厂开除者。

除厂纪、厂规、管理条例所列的惩罚外，另需扣除7日的薪资，薪资在离职之日发放。

4.3.3.4 工厂辞退者。

发放正常薪资，薪资在离职之日发放。但若被辞退者有失职、失误操作给公司造成损失的，需扣除相应的赔偿金额。

4.3.3.5 自动离职者。

因员工个人因素离开本公司者，不发任何薪资。对公司财物交接不清自离者，视情节轻重报送当地公安机关处理。

4.3.3.6 试用不合格者。

扣除相应处罚及其他应扣款后，薪资在离职之日发放。

4.3.4 离职者需要本公司员工代领工资的，必须由本人按正规格式一式三联填写“薪资代领单”，由本人、代领人、财务部各持一联。被委托人员于发薪之日依据所持的“薪资代领单”到财务部领取薪资。离职者或给财务部个人账号，由财务部日后发薪日3日内划入指定账号。离职者应对工资代领人或银行账号的可信性或正确性负责。

4.3.5 离职人员的“物品放行条”经人力资源部签批后，经保安核查无误后于下班时间方可放行。

4.4 离职人员行李放行（住公司宿舍的员工）

4.4.1 离职人员行李收拾好后应先放至保安处，如属上午办理离职手续的，需到13：30后方可搬走行李；属下午办理离职手续的，则须到18：00后方可搬走行李。

4.4.2 如不按规定时间而需提前搬走行李的，需有本房间人员担保，担保人需担保本房间一天内无异常，否则承担相应责任。

4.4.3 行李搬走前本宿舍人员如提出异常报告，保安有权推迟放行时间。

4.4.4 住宿清退后不得再进入宿舍。

制度04：员工内部调动制度

1．目的

为进一步规范员工调动管理，根据国家有关法律法规和公司《人力资源管理制度》，特制定本规定。

2．适用范围

适用于公司对员工内部调动的相关管理。

3．内部调动审批程序

3.1 高级管理人员

由人力资源经理提出意见，报总经理办公会审定。

3.2 中级管理人员

由拟调入部门提出意见，经人力资源部审核并征求调出部门经理意见后，报总经理批准。

3.3 一般员工（含临时用工）

由拟调入部门提出拟调报告（调入理由、拟调入岗位工作职责、岗位用人标准、薪酬标准等），经公司人力资源部审核并征求调出部门意见后提出调动意见，报总经理批准。

3.4 财务人员

由公司财务部提出意见，经人力资源部经理审核后，报总裁批准。

3.5 审计人员的调动

由公司审计部提出意见，经人力资源副总裁审核后，报总裁批准。

3.6 一般管理人员

由所在部门提出意见，经人力资源部经理审核后，报总经理批准。

4．工作交接和调动手续办理

4.1 部门间的调动

各部门间的调动，由公司人力资源部下达调动函；无调动函，调出、调入部门不得办理调动手续。

4.2 审计

企业高级管理人员和财务人员需经总经理审计无问题后，方可办理调动手续；企业中级管理人员以及涉及物资管理岗位人员，需由部门经理审计无问题后，方可办理调动手续。

4.3 相关手续

离职员工经审批后，由所在部门填写离职会签单，需在规定时限内交回公司徽章、证件、工器具、资料文件、物品、饭卡等，结清和办完所欠款项、房屋事项等相关手续以及工作交接手续，经企业（部门）或相关签字盖章后（企业中高级管理人员需经公司部门会签），方可办理人力资源、档案、养老保险关系、住房公积金等转移手续。

4.4 工作交接实行监交制度

4.4.1 企业副总经理的交接由企业总经理监督；企业财务部负责人的交接由公司财务部派员监督；其他岗位的监交人由企业确定。

4.4.2 企业其他财务人员的交接，由企业财务部门负责人监督。

4.5 交接书

工作交接要有交接书。交接书要记录移交的文件资料、物品、重要事项、遗留的重点工作以及需要说明的事项等，交接人和监交人要在交接书上签字备查。

4.6 材料归档备案

离职员工所在企业应在员工获准离职的次月，到所在社会保险部门办理核减手续，停止其社会保险费的缴纳。各项手续办理后，离职员工所在企业要将个人离职申请书、审批手续、各部门会签单、工作交接书、档案转移回执以及其他需要留存的材料一并归档备案。

4.7 擅自离职人员处理

对未经批准或未办理离职手续而擅自离职的人员，需指定专人清理经济往来，追缴相关资料，追究违约责任。

4.8 及时办理相关手续

员工调动（内部和外部）、辞职等，需按公司规定，及时办理劳动合同变更、终止、解除等手续。

5．借用人员审批程序

5.1 关键岗位空编或有紧急工作等情况需借用人员

企业关键岗位空编或有紧急工作等情况需借用人员的，由借用部门、企业填写“借用人员承办单”，说明借用原因、工作项目及完成时限、借用人员条件要求，按以下程序审批后，报公司人力资源部备案：

5.1.1 借用高级管理人员，需报总经理批准。

5.1.2 借用中级管理人员，一个月以内的，需分别报借用、借出部门主管和人力资源部经理批准；一个月以上的需报总经理批准。

5.1.3 借用一般员工，双方部门应一致：

5.1.3.1 7日以内企业间借用的报人力资源部审批。

5.1.3.2 7日以上3个月以内的，报双方部门主管和人力资源副总经理批准。

5.1.3.3 3个月以上的报总经理批准。

5.1.3.4 借用财务人员需经公司财务部审核，公司总会计师批准。

5.2 借用人员工资

借用人员的工资由借出部门承担并支付，借用部门负责向借出部门提供考勤情况。

6．附则

（1）本规定经公司总经理办公会审议通过后执行。

（2）本规定由公司总经理办公会负责解释。

第四节　管理表格

表格01：加班申请表

表4-3　　加班申请表

<table>
<tr><td>申请部门</td><td></td><td>加班时间</td><td></td></tr>
<tr><td colspan="4">加班事由：</td></tr>
<tr><td>加班计划（工作人员名单及工作具体安全）</td><td colspan="3"></td></tr>
<tr><td>部门意见</td><td colspan="3">签字：　　年　月　日</td></tr>
<tr><td>人力资源部意见</td><td colspan="3">签字：　　年　月　日</td></tr>
</table>

注：加班申请单一式两份：一份由申请人所在部门保存；另一份由人力资源部备查。

表格02：月度考勤统计表

表4-4　　月度考勤统计表

序号	姓名	出勤天数	假类	天数	迟到、早退	出差天数	备注
1							
2							
3							
4							
5							
…							
31							

填写要点：

1．出勤天数依据员工考勤表统计。
2．假类指病假、事假、公假、婚丧假、休假等。
3．迟到、早退以次数计。
4．备注主要填写未尽事项。

表格03：员工加班调休单

表4-5　　员工加班调休单

部门		加班人	
加班时间		调休天数	
申请调休或加班费	申请人签名：　　年　月　日		
部门领导意见	负责人签名：　　年　月　日		
总经理意见	负责人签名：　　年　月　日		

注：本表随当月考勤表返回人力资源部备案。

表格04：员工年度缺勤累计表

表4-6　员工年度缺勤累计表

<table>
<tr><td>姓名</td><td colspan="2"></td><td>工号</td><td></td><td>部门</td><td></td><td>年度结束时间</td><td></td></tr>
<tr><td rowspan="2">月份</td><td colspan="2">病假天数</td><td colspan="2">事假天数</td><td colspan="2">其他原因缺勤天数</td><td colspan="2">总缺勤天数</td></tr>
<tr><td>已证明</td><td>未证明</td><td>批准</td><td>未批准</td><td>批准</td><td>未批准</td><td>天数</td><td>占比率</td></tr>
<tr><td></td><td></td><td></td><td></td><td></td><td></td><td></td><td></td><td></td></tr>
<tr><td></td><td></td><td></td><td></td><td></td><td></td><td></td><td></td><td></td></tr>
<tr><td></td><td></td><td></td><td></td><td></td><td></td><td></td><td></td><td></td></tr>
<tr><td></td><td></td><td></td><td></td><td></td><td></td><td></td><td></td><td></td></tr>
<tr><td></td><td></td><td></td><td></td><td></td><td></td><td></td><td></td><td></td></tr>
<tr><td></td><td></td><td></td><td></td><td></td><td></td><td></td><td></td><td></td></tr>
<tr><td>合计</td><td></td><td></td><td></td><td></td><td></td><td></td><td></td><td></td></tr>
<tr><td colspan="2">填表人</td><td colspan="2"></td><td>日期</td><td colspan="2"></td><td>职务</td><td></td></tr>
</table>

制表：　　　　　　　　主管：　　　　　　　　总经理：

表格05：出差申请单

表4-7　出差申请单

<table>
<tr><td>出差人</td><td></td><td>部门</td><td></td></tr>
<tr><td>差期</td><td colspan="3">____年____月____日至____年____月____日，共计____天</td></tr>
<tr><td>出差地点</td><td colspan="3"></td></tr>
<tr><td>出差事由</td><td colspan="3"></td></tr>
<tr><td colspan="4">部门负责人意见：

签字：　　　　　　　　年　　月　　日</td></tr>
<tr><td colspan="4">总经理意见：

签字：　　　　　　　　年　　月　　日</td></tr>
</table>

本表填毕后，原件复印件分存办公室、本工作部门。

表格06：出差报告书

表4-8　　出差报告书

部门		姓名	
拜访公司名		会谈者	
事由			
时间	出发		
	回来		
处理要领、经过：			
报告说明：			
部门主管：		公司主管领导：	

表格07：新员工报到手续表

表4-9　　新员工报到手续表

姓名：　　报到日期：

部门		职称		职位	
应聘资料	□身份证复印件　□毕业证书复印件　□体检报告书　□员工资料卡 □相片　□其他 经办人签章：				
应领物品	□员工手册　□考勤卡及打卡说明　□办公用品　□电脑 报到人签章：				
人事登记	□人员变动表　□简易名册　□办理识别证　□人员状况表　□劳保 □核薪　□建档				
行政协办	□住宿申请 □领制服 □领衣柜钥匙				

表格08：新员工试用表

表4-10　　新员工试用表

<table>
<tr><td rowspan="4">基本信息</td><td>姓名</td><td></td><td>应聘职位</td><td></td><td>入职日期</td><td></td></tr>
<tr><td>所属部门</td><td></td><td>甄选方式</td><td colspan="3">□公开召考　□推荐遴选　□内部提升</td></tr>
<tr><td>年龄</td><td></td><td>学历</td><td colspan="3"></td></tr>
<tr><td>工作经验</td><td colspan="5">相关_____年，非相关_____年，共_____年</td></tr>
<tr><td rowspan="7">试用计划</td><td>试用职位</td><td colspan="5"></td></tr>
<tr><td>试用期限</td><td colspan="5"></td></tr>
<tr><td>督导人员</td><td colspan="5"></td></tr>
<tr><td>督导方式</td><td colspan="5">□观察　□培训</td></tr>
<tr><td>拟安排工作</td><td colspan="5"></td></tr>
<tr><td>试用薪酬</td><td colspan="5"></td></tr>
<tr><td>经办人员</td><td></td><td>核准</td><td></td><td>拟定</td><td></td></tr>
<tr><td rowspan="7">试用结果考察</td><td>试用时间</td><td colspan="5">_____年____月____日至_____年____月____日</td></tr>
<tr><td>安排工作及培训项目</td><td colspan="5"></td></tr>
<tr><td>工作情况</td><td colspan="5">□满意　□尚可　□差</td></tr>
<tr><td>出勤情况</td><td colspan="5">迟到____次，早退____次，病假____次，事假____次</td></tr>
<tr><td>评语</td><td colspan="5">□正式任用　□拟予辞退</td></tr>
<tr><td>正式薪酬</td><td colspan="5"></td></tr>
<tr><td>经办人员</td><td></td><td>核准</td><td></td><td>考核</td><td></td></tr>
</table>

表格09：新员工试用结果通知单

表4-11　　新员工试用结果通知单

<table>
<tr><td>姓名</td><td></td><td>性别</td><td></td><td>年龄</td><td></td><td>籍贯</td><td></td><td>学历</td><td></td><td>职称</td><td></td></tr>
<tr><td colspan="2">职别</td><td colspan="2"></td><td rowspan="2">薪酬</td><td colspan="7">________等级</td></tr>
<tr><td colspan="2">试用期</td><td colspan="2"></td><td colspan="7">________元工资</td></tr>
<tr><td rowspan="2">试用结果</td><td>考核意见</td><td colspan="5">1．试用满意请照原工资办理任用手续
（___月___日起）
2．试用成绩优良请以_____等_____级
元工资办理手续（___月___日起）
3．需再试用
4．试用不合适另行安排
5．附呈心得报告一份</td><td colspan="2">试用考核人签章</td><td colspan="3"></td></tr>
<tr><td>主管意见</td><td colspan="5">1．同意考核人意见
2．拟不予任用
3．延长试用日再另行签核</td><td colspan="2">试用部门主管签章</td><td colspan="3"></td></tr>
<tr><td>总经理批示</td><td></td><td>人力资源部意见</td><td colspan="9">1．试用部门意见：自___月___日起以____等级工资____元正式任用。
2．不合格除发给试用期间的工资，外拟自月日起辞退。
3．其他：</td></tr>
</table>

表格10：试用合格通知书

表4-12　　试用合格通知书

本人十分高兴通知您，于试用期内表现良好，符合公司要求。您将于__________起正式成为本公司员工，同时您可享受本公司为您提供的相应岗位的工资福利待遇。

感谢您在试用期内的合作与努力，希望您能更进一步竭诚为本公司服务。

××有限公司

人力资源部

年　　月　　日

表格11：员工转正申请表

表4-13　　员工转正申请表

<table>
<tr><td>姓名</td><td></td><td>性别</td><td></td><td>出生年月</td><td></td></tr>
<tr><td>职位</td><td></td><td>所属部门</td><td></td><td>联系方式</td><td></td></tr>
<tr><td>学历</td><td></td><td>专业</td><td></td><td>试用时间</td><td>~</td></tr>
<tr><td>个人自我鉴定</td><td colspan="5">签字：
日期：</td></tr>
<tr><td>所在部门领导鉴定</td><td colspan="5">1．对试用期员工的表现作出评价　□好　□一般　□不及格
2．考核意见
□提前转正，____年____月____日至____月____日止
□按期转正，____年____月____日至____月____日止
□延期转正，____年____月____日至____月____日止
转正后职位：________　职级：________
签字：
日期：</td></tr>
<tr><td>人力资源部鉴定</td><td colspan="5">1．对试用期员工的表现作出评价　□好　□一般　□不及格
2．考核意见
□提前转正，____年____月____日至____月____日止
□按期转正，____年____月____日至____月____日止
□延期转正，____年____月____日至____月____日止
转正后职位：________　职级：________
薪资待遇：________
签字：
日期：</td></tr>
<tr><td>总经理审核</td><td colspan="5">签字：
日期：</td></tr>
<tr><td>备注</td><td colspan="5"></td></tr>
</table>

表格12：员工晋升申请表

表4-14　　员工晋升申请表

<table>
<tr><td>姓名</td><td></td><td>籍贯</td><td></td><td>年龄</td><td></td><td>入职时间</td><td></td></tr>
<tr><td>原部门</td><td colspan="3"></td><td colspan="2">原职位</td><td colspan="2"></td></tr>
<tr><td>晋升部门</td><td colspan="3"></td><td colspan="2">晋升职位</td><td colspan="2"></td></tr>
<tr><td colspan="8">个人总结与晋升申请（本人填写）</td></tr>
<tr><td colspan="8">一、工作概况（现任职务及现任岗位工作情况简介）：

二、申请晋升的理由：
1．自己的实力及主要业绩表现
2．晋升后工作计划与发展目标

三、对晋升职位的信心与期望

申请人签字：
日期：　　年　　月　　日</td></tr>
<tr><td colspan="8">部门经理评语与意见</td></tr>
<tr><td colspan="8">
部门经理：</td></tr>
<tr><td>人力资源部意见</td><td colspan="7">
签字：</td></tr>
<tr><td>总经理意见</td><td colspan="7">
签字：</td></tr>
<tr><td rowspan="2">薪酬待遇</td><td colspan="2">原职位</td><td colspan="2"></td><td colspan="2">原工资级别</td><td></td></tr>
<tr><td colspan="2">晋升职位</td><td colspan="2"></td><td colspan="2">晋升工资级别</td><td></td></tr>
</table>

表格13：员工调职申请表

表4-15　　员工调职申请表

填写日期：　　年　　月　　日

<table>
<tr><td>申请人</td><td></td><td>原部门</td><td></td><td>原职务</td><td></td><td>原职级</td><td></td></tr>
<tr><td colspan="2">申请调职日期</td><td colspan="2"></td><td colspan="2">拟调至何部门</td><td colspan="2"></td></tr>
<tr><td>申请调职理由</td><td colspan="7">申请人签名：　　日期：</td></tr>
<tr><td>原部门负责人评议</td><td colspan="3">签名：　　日期：</td><td>新部门负责人评议</td><td colspan="3">签名：　　日期：</td></tr>
<tr><td>分管领导评议</td><td colspan="3">签名：　　日期：</td><td>人力资源部评议</td><td colspan="3">签名：　　日期：</td></tr>
<tr><td>总经理评议</td><td colspan="7">签名：　　日期：</td></tr>
<tr><td colspan="8">以下各项由人力资源部填写</td></tr>
<tr><td colspan="2">调职后薪资</td><td colspan="2"></td><td colspan="2">调职后新职级</td><td colspan="2"></td></tr>
<tr><td colspan="2">调任部门</td><td colspan="2"></td><td colspan="2">调任职务</td><td colspan="2"></td></tr>
<tr><td colspan="2">实施日期</td><td colspan="6"></td></tr>
</table>

表格14：员工离职申请表

表4-16 **员工离职申请表**

<table>
<tr><td>姓名</td><td></td><td>合同编号</td><td></td><td>部门</td><td></td></tr>
<tr><td>入职日期</td><td></td><td>合同到期日期</td><td></td><td>职位</td><td></td></tr>
<tr><td>申请离职日期</td><td colspan="2"></td><td colspan="2">预计离职日期</td><td></td></tr>
<tr><td>离职类型</td><td colspan="5">□辞职 □辞退 □自离 □开除 □其他</td></tr>
<tr><td colspan="6">离职原因详述：（若是辞退，由申请离职员工填写，其他情况由部门主管填写）</td></tr>
<tr><td colspan="6">离职员工对公司的建议：</td></tr>
<tr><td rowspan="2">所属部门意见</td><td colspan="5"></td></tr>
<tr><td colspan="5">部门主管签名： 日期： 年 月 日</td></tr>
<tr><td rowspan="2">主管副总</td><td colspan="5">□同意申请 □其他意见</td></tr>
<tr><td colspan="5">签名： 日期： 年 月 日</td></tr>
<tr><td rowspan="3">人力资源部</td><td colspan="5">□未面谈 □已面谈，面谈要点如下：</td></tr>
<tr><td colspan="5">□同意申请</td></tr>
<tr><td colspan="5">部门主管签字： 日期： 年 月 日</td></tr>
<tr><td rowspan="3">总经理（或委托代理人）</td><td colspan="5">□同意申请 □其他意见</td></tr>
<tr><td colspan="5"></td></tr>
<tr><td colspan="5">签名： 日期： 年 月 日</td></tr>
<tr><td>备注</td><td colspan="5">1. 试用期员工必须提前3天提出离职申请，已转正员工必须提前30天提出离职申请。
2. 离职当日，请按“员工离职交接表”进行交接工作。
3. 此审批表通过后，交由人力资源部保存。</td></tr>
</table>

表格15：离职面谈表

表4-17　　离职面谈表

姓名		员工编号		部门/子项目	
职位		入职日期		最后工作日	
直属主管姓名		职务		员工离职方式	□辞退　□辞职
离职原因					

离职者对本公司评价		差好				
		1	2	3	4	5
1	工作环境					
2	工作性质及时间					
3	工作量					
4	管理方面					
5	培训方面					
6	知识及技能的应用与发挥					
7	愿望实现					
8	晋升机会					
9	工资					
10	福利					
意见及建议						
离职以后去向：						

离职者签名：　　　　职称：　　　　填表日期：

表格16：员工离职通知书

表4-18 员工离职通知书

_______先生/女士：

因为本公司经营方针和业务发生重大调整和变化，您所学专业和您的经历、能力均不符合公司要求，因此请您于_____年____月____日离开本公司。

谢谢您多年来对本公司的支持和帮助。您的一切待遇均按照国家法律法规、我公司的_____规定和劳动合同的约定处理。

××有限责任公司

年 月 日

表格17：员工离职交接审批表

表4-19 员工离职交接审批表

<table>
<tr><td>姓名</td><td></td><td>部门</td><td></td><td>岗位</td><td></td><td>入职日期</td><td></td></tr>
<tr><td colspan="2">离职申请提交日期</td><td colspan="3"></td><td>拟离职日期</td><td colspan="2"></td></tr>
<tr><td>离职
原因</td><td colspan="7"></td></tr>
<tr><td colspan="6">工作移交情况（内容较多时可另附移交单）</td><td colspan="2">相关人员签字</td></tr>
<tr><td rowspan="4">工作
交接</td><td colspan="2">工作资料</td><td colspan="3"></td><td rowspan="2">接手人
签字</td><td rowspan="2">部门负责人
签字</td></tr>
<tr><td colspan="2">尚未处理完的工作</td><td colspan="3"></td></tr>
<tr><td colspan="2">客户或其他资料信息</td><td colspan="3"></td><td rowspan="2"></td><td rowspan="2"></td></tr>
<tr><td colspan="2">文件、档案</td><td colspan="3"></td></tr>
<tr><td rowspan="3">相关
资料</td><td colspan="2">办公用品移交</td><td colspan="3"></td><td rowspan="2">行政文员
签字</td><td rowspan="2">行政部
负责人签字</td></tr>
<tr><td colspan="2">更衣箱、宿舍钥匙</td><td colspan="3"></td></tr>
<tr><td colspan="2">工作服、劳保用品发放情况</td><td colspan="3"></td><td></td><td></td></tr>
<tr><td rowspan="3">财务
部门</td><td colspan="2">有无未结清货款</td><td colspan="3"></td><td rowspan="2">出纳签字</td><td rowspan="2">财务部经理
签字</td></tr>
<tr><td colspan="2">有无借款</td><td colspan="3"></td></tr>
<tr><td colspan="2">其他需要说明的事项</td><td colspan="3"></td><td></td><td></td></tr>
</table>

续表

考勤	工卡/考勤统计		人事专员签字：
部门负责人意见			
人力资源部意见			
主管副总意见			
总经理意见 （科长级以上人员）			

表格18：离职原因调查表

表4-20　　离职原因调查表

姓名		部门		职位	
入职时间		离职时间		填写时间	
离职原因					
您对公司现有薪酬福利制度的看法					
您对所在部门或者公司的整体感受如何					
您对部门、岗位工作的意见及建议					
您对您的主管的意见或建议					
您对公司的建议及意见					
其他想说的话					

表格19：员工辞退审批表

表4-21　　　　　　　　　　　　员工辞退审批表

<table>
<tr><td>辞退人</td><td></td><td>所在部门</td><td></td><td>目前岗位</td><td></td></tr>
<tr><td>辞退时间</td><td></td><td>申请时间</td><td></td><td>申请人</td><td></td></tr>
<tr><td>辞退
理由</td><td colspan="5">□严重违反工作纪律，影响工作秩序的
□工作疏忽而使公司蒙受重大损失
□不服从工作分配擅自离开工作岗位
□挪用公款、行贿受贿
□在外兼营、影响公司利益
□试用期内发现不符合条件
□公司经营情况影响
□部门结构调整影响岗位
□其他理由：</td></tr>
<tr><td>部门负责人</td><td colspan="5">意见：</td></tr>
<tr><td rowspan="2">人力资源部</td><td colspan="5">情况复核：</td></tr>
<tr><td colspan="5">意见：</td></tr>
<tr><td>总经理</td><td colspan="5">意见：</td></tr>
<tr><td>执行</td><td colspan="5">离职时间办理离职手续，作为财务结算依据之一。</td></tr>
</table>

备注：在“□”打“✓”表示确定项。

第五节　问题解答

问题01：如何辞退试用期员工

试用期间新员工若有严重违规行为或能力明显不足，应立即停止试用，由其部门负责人填写“员工离职申请表”，陈述事实与理由，报送人力资源部审核。

审核通过后，由人力资源部向被拟辞退员工发出“离职通知书”，同时其部门负责人与人力资源部分别与其做沟通，后通知本人办理离职手续。

一般新员工被辞退的情形，主要包括以下几种：

（1）试用期内请假超过15日者（病假在规定的医疗期的除外）。

（2）判处有期徒刑，尚在服刑者。

（3）被剥夺政治权利者。

（4）通缉在案者。

（5）经公司指定医院体检不合格者。

（6）未满16周岁者。

（7）有欺骗、隐瞒行为者。

（8）患有精神病者。

（9）酗酒、吸毒者。

（10）不具备政府规定的就业手续者。

（11）提供虚假材料欺瞒公司的。

问题02：试用期员工是否必须要缴纳社会保险

以往有部分用人单位是待员工转正后才交纳社会保险，而劳动法律法规明确规定，员工入职即需交纳社保。如果用人单位没有在试用期内为劳动者交纳社保，其风险概括起来包括：

（1）试用期内员工出现工伤、生育、医疗等情形时，可能无法享受相关待遇（如生育交纳不满10个月、出现工伤时、生病时），而用人单位必然要承担相应法律后果，其成本是非常高昂的。

（2）转正后才开始交纳，有可能涉及交纳社保滞纳金（跨年度时），某种程度上反而增加用工成本。

（3）医疗保险超过3个月未予补交，则之前交纳年限会受严重影响。

（4）此为单位存在违法情形之一，员工无条件提出解除并可要求用人单位补交社保，并支付其经济补偿金。

问题03：试用期工资如何支付

《中华人民共和国劳动合同法》对于试用期员工的工资待遇作了保护性规定，即单位支付给劳动者试用期的工资要符合以下三个条件：

（1）不得低于本单位相同岗位最低档工资的80%。

（2）不得低于劳动合同约定工资的80%。

（3）不得低于用人单位所在地的最低工资标准。

当然上述保护性规定，是在劳动者提供了正常劳动的前提下。因此招聘人员在与新入职员工确定试用期和转正工资待遇时，要注意把握以上原则。

问题04：由谁与员工进行离职面谈

一些研究指出，很多员工离开的是管理者而不是公司组织，隐含的主要原因也许在于管理者的行为举止而不是企业的人力资源战略。一个满腹牢骚的离职员工和一个自身有解决不了问题或本身就有问题的主管交谈，离职者又如何能知无不言？

统计表明，大多数离职员工能和企业中的较高级别的人开诚布公地交谈并详细地说出离职的真正原因。

最好是人力资源部门或高层管理者出面，特别是对于中小企业来说，高层管理者直接代表企业进行面谈，恰好适应了离职者的发泄需要，而对于企业来说是接受了免费的管理咨询。

如果没有比直接主管更高级别的人了，也可以寻找一个外部代表或咨询者，他必须是一个能辨是非的客观人士。

企业应该决定是对所有离职员工或者只是自愿离开的那部分员工进行离职访谈。对企业或组织来说，前者能使他们更广泛地收集信息，因为即使不是由于自愿离职的员工，也能提供有价值的信息。

问题05：怎样区别对待不同降职人员

员工被降职的原因有很多，但归结起来大致有以下几种：违反公司规定或犯了重大错误、绩效不佳、不可抗拒的外部原因所致等。

(1) 对于违反公司规定或犯了重大错误的员工，按照规定该降职的要降职，以达到惩戒本人、警示他人的效果。

(2) 对于绩效不佳的员工，应找出问题的根源，可能是因为态度问题，比如由本性懒惰或对企业及上级不认可导致的态度消极或不愿付出，也可能是能力问题，比如晋升上岗后没有经过必要的培训与试用过程。

(3) 对于因不可抗拒的外部原因而降职的员工，比如机构改革、部门合并等非员工自身原因造成的降职，应该视实际情况给予员工安抚和补偿，预防优秀员工离职。

问题06：如何应对辞退员工

被辞员工在获知被辞的消息时，会有各种不同的反应和感觉，为了做好辞退工作，人力资源部经理一定要掌握正确的应对方法，以免因为自己的处理不当而为公司乃至自身带来不必要的麻烦。

1. 面对敌意、生气员工的应对方法

(1) 用试探性的语言总结他的话，如“听起来你对这件事情很生气”。

(2) 避免与他发生争吵。

(3) 保持客观态度，坚持实事求是，并给员工提供对他日后有帮助的信息。

2. 面对防卫性强、讨价还价员工的应对方法

(1) 让员工知道你知道这是一个困难处境，如果是你，你跟他的感觉一样。

(2) 不要掺入任何讨价还价的讨论。

(3) 提供将来可能提供的帮助，必要时进行心理辅导。

3. 面对正式的、程序化的员工的应对方法

(1) 给员工自由谈论的机会，只要他不离题。

(2) 尽量避免顾左右而言他，不要谈论所谓“办公室政治”。

(3) 保持平静的语调。

4. 面对坚忍克己员工的应对方法

(1) 理解他的震惊。如果员工不反对，立即跟员工沟通下一步的做法。

(2) 问员工此时是否有什么具体问题。如果没有，告诉员工下一步公司可以提供的帮助是什么。

5. 面对哭哭啼啼员工的应对方法

(1) 提供纸巾让员工哭够了再说。

(2) 避免诸如“哭什么，这有什么大不了的”之类话语。

(3) 当员工平息下来后，解释事实及下一步的计划。

问题07：辞退员工一般有哪些原因

企业要发展强大，不仅需要通过招聘工作引进各类人才，也需要辞退那些能力不足或不利企业发展的员工，按照国家最新《劳动合同法》规定，企业辞退员工的情况为：

第三十九条　劳动者有下列情形之一的，用人单位可以解除劳动合同：

（一）在试用期间被证明不符合录用条件的；

（二）严重违反用人单位的规章制度的；

（三）严重失职，营私舞弊，给用人单位造成重大损害的；

（四）劳动者同时与其他用人单位建立劳动关系，对完成本单位的工作任务造成严重影响，或者经用人单位提出，拒不改正的；

（五）因本法第二十六条第一款第一项规定的情形致使劳动合同无效的；

（六）被依法追究刑事责任的。

第四十条　有下列情形之一的，用人单位提前三十日以书面形式通知劳动者本人或者额外支付劳动者一个月工资后，可以解除劳动合同：

（一）劳动者患病或者非因工负伤，在规定的医疗期满后不能从事原工作，也不能从事由用人单位另行安排的工作的；

（二）劳动者不能胜任工作，经过培训或者调整工作岗位，仍不能胜任工作的；

（三）劳动合同订立时所依据的客观情况发生重大变化，致使劳动合同无法履行，经用人单位与劳动者协商，未能就变更劳动合同内容达成协议的。

第五章

员工培训与发展

内容提示 >>>

◇管理要点

◇管理流程

◇管理制度

◇管理表格

◇问题解答

第一节　管理要点

要点01：培训需求分析准备事项

在进行培训需求分析之前，人力资源部应做好以下准备工作，为下一步的培训需求分析工作打好基础。

1. 收集员工资料，建立员工培训资料库

人力资源部在日常的工作中应注意收集员工的资料，建成培训资料库。员工资料应当包括培训档案、人事变动情况、绩效考核资料、个人职业生涯规划以及其他相关资料等。员工培训资料库可以很方便地寻找员工的背景资料，为员工的个人培训需求分析提供依据，也可以为人力资源开发提供数据。

2. 及时掌握员工的现状

人力资源部的职责相对于其他业务部门的人员来说，是服务的提供者。因此人力资源部应当把培训对象看做是服务对象，及时掌握服务对象的动态，才能更准确及时地为其提供有效培训。因此，人力资源部要和其他业务部门多沟通、多联系，及时更新和补充员工培训资料库。

3. 及时调查培训需求

为了及时掌握员工的培训需求，人力资源部必须依靠企业各部门提出申请，或者通过人力资源部的调查来获取培训信息。

4. 遵循培训需求调查审批手续

当有必要进行培训需求调查时，一定要按照企业相关规定向上级主管提出申请，得到许可后才能实施培训需求调查。

要点02：培训需求分析

对申报的培训需求进行分析，培训需求分析要点如下表5-1所示。

表5-1　培训需求信息分析要点

序号	要点	内容
1	受训员工现状	（1）在组织中的位置。 （2）是否受过培训。 （3）受过什么培训。 （4）培训的形式。
2	受训员工存在的问题	（1）是否存在问题。 （2）问题的原因。
3	员工的期望和真实想法	（1）期望接受的培训内容。 （2）希望达到的培训效果。 （3）核实员工真实的想法。

要点03：分析总结培训需求数据

在各部门上交的培训需求调查表中，有的部门可能填得满满的，甚至还有附页；有的却只是勉强列了几点而已。其实，这种现象很普遍，在其背后隐藏着各种原因。

培训需求少的部门未必没有需求，有可能是怕暴露自己的缺点而隐瞒自己的真实需求；而提出很多培训需求的部门，有时也不能反映他们真实的需要，有可能是把培训作为公司提供的福利，或认为是自己应当享受的权利，还有可能把培训作为惩罚和控制员工的资源等。

这些隐藏的原因都需要人力资源部认真去发掘，从而剔除虚假的信息，找到真实的培训需求信息，并对培训需求按优先程度排序，然后加以取舍。这一阶段的工作包括以下一些内容：

1. 培训需求信息归类、整理

信息来源和渠道不同，信息的形式也有所不同。首先要把收集到的信息进行分类、归档；同时制作一些表格和图示对信息加以处理。

2. 培训需求信息分析、总结

对收集上来的资料仔细分析，从中找出培训需求。注意处理好个别需求和普遍需求、当前需求和未来需求之间的关系，结合企业的实际情况，根据培训需求的重要程度和紧迫程度对各类培训需求排序。

3. 培训需求结果的处理

将培训需求分析的结论形成书面报告，提供给各决策部门参考。可以公开的部分应当向部门或员工公开，并就一些结论与相关部门或人员进行交流，例如，对不能满足的培训需求可以向相关人员提供合理的解释。

要点04：撰写培训需求分析报告

培训需求分析报告是培训需求分析工作的成果表现。其目的在于对各部门申报汇总上来的培训需求作出解释和评估结论，并最终确定是否需要培训和培训内容。因此，培训需求分析报告是确定培训目标、制订培训计划的重要依据和前提。

培训需求分析报告的内容，如表5-2所示：

表5-2　　培训需求分析报告的内容

序号	内容	具体说明
1	报告提要	简明扼要介绍报告的主要内容。
2	实施背景	阐明产生培训需求的原因，培训需求的意向。
3	目的和性质	说明培训需求分析的目的；以前是否有类似的培训分析；以前的培训分析的缺陷和失误。
4	实施方法和过程	介绍培训需求分析使用的方法；介绍培训需求分析的实施过程。
5	培训需求的分析结果	阐明通过培训需求分析得出了什么结论。
6	分析结果的解释、评论	论述培训的理由；可以采取哪些措施改进培训；培训方案的经济性；培训是否充分满足了需求；提供参考意见。
7	附录	分析中用到的图表、资料。

要点05：确定培训目标

培训目标是实现员工在某个岗位上的最佳工作绩效以及员工的自我满足。为了使培训达到预期的目标，就需要对培训目标作清楚地说明。培训目标包括知识的获得；态度的改变或加强；技术的获得；工作行为的改进；企业、部门或人员绩效的改善等。

对培训目标界定得越精确、越清晰、越详细，就越易于进行后面的活动。根据培训目标，对培训对象进行界定，培训主管在确定培训对象时应当回答以下问题：

（1）是员工还是管理者？

（2）是部分员工还是全体员工？

（3）是新员工还是在职员工？

（4）是绩效差的员工还是绩效高的员工？

表5-3 培训目标

序号	培训要求考虑的内容
1	培训是否可以提高组织绩效。
2	培训是否有利于员工获得更高的工作绩效。
3	培训是否是组织的一项常规性的工作。
4	培训是否是为了满足外部需求（例如政府部门的要求）。
5	其他。

要点06：培训计划内容

对培训计划的各项内容进行具体的规定，培训计划内容的规定，如表5-4所示。

表5-4 培训计划内容规定

序号	规定类型	具体内容
1	培训方式选择	根据培训目标和对象选择培训方式：是内部培训还是外部培训？是业余培训还是脱产培训？是集中培训还是分散培训？
2	培训机构选择	以什么标准选择培训机构？有哪些可供选择的培训机构？各有什么优势和劣势？
3	培训教材选定	有无现成的教材？如果有，是否需要修改？如何修改？谁来修改？如果没有，如何选定？由谁来选定？
4	培训课程开发	培训课程开发包括课程定位、课程目标、学习策略、教学模式、如何评价等内容？
5	培训师选择	内部培训师还是外部培训师？培训师的风格如何？如何考核教学效果？是否需要对培训师进行培训？
6	培训预算	预算来源？预算在培训项目上如何分配？如何处理预算与计划的冲突？预算如何管理？
7	考核方案	谁需要进行考核？何时进行考核？如何考核？考核什么？成绩如何使用？有无奖惩措施？

要点07：制定培训方案

制定培训方案就是根据培训面临的问题环境，来选择和制定相应的培训措施。现代的企业环境已经由稳定的状态转化为动态性较强而且不可预期的状态。

这种环境要求员工不断地更新自己的技能和知识，并能够相对容易地从一种工作环境转入另外一种工作环境。在这种情况下，员工的工作内容不断变化，企业文化也在发生变化。这些因素极大地影响着企业培训策略的制定。

表5-5　　可能的培训策略

项目	当前工作环境中的培训	其他计划中的活动	计划活动	内部课程	外部课程
培训的目标					
转变的可能性					
组织的反应					
组织的潜力					
受训者的相关因素					

要点08：培训课程设计

将培训策略转化成具体的培训内容和培训程序，这种转化就是设计培训课程。培训课程包括：知识、技术、能力以及它们各自的表现形式，如文字、图画、情境和它们出现的顺序等。

培训课程设计的结果就是一份培训教案。培训教案设计了一个个活动情景。这些情景告诉学员应做什么、如何做、做的结果是什么、做的过程中可能会出现什么困难，以及如何处理它们、应遵守什么规则等。总之，培训教案提供给学员的，就是搞好工作所必需的知识、能力、技术和其他心理素质。

通常培训课程设计的方法是根据工作要求确定培训内容的性质和类型；然后对这些内容进行分析，将其分解成一个个细节，并根据学员的心理发展规律、内容之间的联系，来确定各个细节的先后顺序；再选择适宜的工具和方式来展现这些细节。

要点09：选择培训方法

随着培训技术的发展，培训的方法越来越多样化，培训时选择的余地也越来越大，但同时也增加了选择的难度。常见的培训方法及其适用性见表5-6所示，培训主管可根据具体情况进行选择。

表5-6 常用培训方法及其适用性

类别	方法	定义	优点	缺点	适用性
知识类培训法	讲授法	最基本的培训方法，培训师按照讲义系统地向学员传授知识。	(1)传授知识比较系统。 (2)有利于大规模培训。 (3)对环境要求不高。 (4)有利于培训师发挥。 (5)费用低。	(1)单向传授，不利于双向互动。 (2)不能满足学员个性需求。 (3)培训师水平直接影响培训效果。 (4)传授方式不利于成人学习。	各种知识性培训。更新
	研讨法	在培训师引导下，学员围绕一个或几个主题进行交流，相互启发，有集体讨论、分组讨论、对立式讨论等形式。	(1)强调学员的积极参与，有利于培养学员的综合能力。 (2)多向式的信息交流可加深对知识的理解，提高运用能力。 (3)形式多样，适应性强，可针对不同的培训目的。	(1)对研讨题目和内容的准备要求较高，对指导培训师的要求较高。 (2)题目要具代表性和启发性，难度要适当，并事先提供给学员做准备。	(1)针对特定问题或任务解决的培训。 (2)判断能力或表达能力的培训。
	专题讲座法	针对一个专题进行的课堂讲授。	(1)时间、形式灵活。 (2)可随时满足员工某一方面的培训需求。 (3)讲授内容集中在某一专题，学员易于理解。	内容系统性较差。	比较集中的知识性培训。
技能性培训法	工作指导法	由指导者在工作岗位上直接对员工进行培训，也称教练法或实习法。应用最普遍，具有很强的实用性，是员工培训的有效手段。	(1)经济、实用、有效。 (2)适用范围广泛。	受指导者能力的限制较大。	(1)基层生产人员培训。 (2)管理人员培训。
	轮换工作法	受训者在预定时期变换工作岗位，以获得不同的工作经验。	(1)能增加受训者工作经验。 (2)增加对企业的了解。 (3)了解自己的长处和弱点，找到适合的位置。 (4)增强部门之间的合作和理解。	鼓励通才化，适合一般直线管理人员的培训，不适合职能管理人员的培训。	一线管理者培训。

续表

类别	方法	定义	优点	缺点	适用性
技能性培训法	个别指导法	师傅带徒弟的培训方式。	(1)可以避免新员工盲目摸索。 (2)有利于新员工快速融入团队。 (3)消除新员工的紧张感。 (4)有利于优良传统的延续。 (5)新员工可以获得相关的经验。	(1)指导者可能保留自己的经验，使指导流于形式。 (2)受指导者本身的水平影响很大。 (3)指导者不良的工作习惯会影响新员工。 (4)不利于工作创新。	新员工培训。
综合性培训法	自学	指定教材让学员学习，网上学习，电视教育。	(1)费用低。 (2)不影响工作。 (3)学员自主性强。 (4)可体现学习的个性差异。 (5)培养员工自学能力。	(1)学习内容受限制。 (2)学习效果差异大。 (3)学习过程较枯燥。	(1)岗前培训。 (2)在岗培训。 (3)学历教育。
	案例分析法	内容真实，案例中应包含一定的管理问题，案例必须有明确的目的。	(1)参与性强，将提高解决问题的能力融入到知识传授中。 (2)教学方法生动。 (3)学员之间能够通过案例分析达到交流的目的。	(1)案例准备时间长，要求高。 (2) 对学员和顾问的能力要求高。 (3)无效案例可能会浪费时间。	工作技能培训。
	头脑风暴法	研讨会法，激发创造性思维，互相启迪。	(1)为企业解决实际问题，提高培训收益。 (2)学员参与性强。 (3)有利于加深学员理解。 (4)集中集体智慧，达到相互启发的目的。	(1)对顾问的引导要求高。 (2)讲授的机会少。 (3)主题挑选难度大，能否解决实际问题受学员能力限制。	(1)工作技能培训。 (2)管理者培训。
	管理者训练	针对管理者的系统培训，理解管理的基本原理和知识，从而提高管理能力。	(1)管理知识的系统性好。 (2)可以大规模施训。	(1)成本较高。 (2)学员需要脱产训练。	中低层管理者。

要点10：培训实施前的准备工作

人力资源部最好预先准备一份工作清单，对照清单逐项检查需要准备的事情，以免遗漏。

1. 培训通知书

在一些规模不大或管理不规范的企业，往往只是通过口头来传达一下培训信息，结果造成信息传递的延误和失真。而要让培训信息准确地传达，并且避免以后诸如“不知道有培训课程”“没有接到通知”此类的推诿扯皮的事情发生，人力资源部还需要起草一份正式的培训通知并发放到受训部门主管及受训人手里。

信息发布型培训通知书的起草，行文可以直接指向参加培训的个人，也可以直接发给其所在的部门。培训事项的说明要具体、详细、准确，不得有遗漏。

2. 培训通知书内容

培训通知书的内容，如表5-7所示。

表5-7　　培训通知书内容

序号	内容	具体说明
1	培训课程说明	详细说明培训课程的内容，如具体学习什么、学习带来的益处是什么等。有些比较正式的培训通知书还会说明本次培训活动举行的目的、意义；讲课老师的情况介绍等。这样可以使学员对培训有一个比较全面的认识。
2	会务安排说明	关于培训学员的上课时间、地点、行车路线、用餐等相关的工作安排，要有一个具体的说明。对于培训时间比较长的，或是培训地点不在本地的，要说明住宿安排。届时，学员可以通知为指南，去办理相关的事宜。
3	注意事项说明	比如课堂纪律要求、学员遇到异常情况时找什么人咨询等，也要作详细的说明。

上述是培训通知书的基本内容。在具体起草的时候，培训通知书没有特别的行文要求，可以参考一般公文的写作要求来撰写。

3. 起草培训协议书

如果企业有要求，还必须签订培训协议书。因为培训是企业的一种投资行为，需要耗费企业的人、财、物等资源。为了保证企业的利益和培训为企业发展所用，同时也为了明确和保障企业与员工之间的权利和义务，双方有必要在进行培训之前签订培训协议。尤其是企业出资较大的培训活动，签订协议是必不可少的手续。

4. 培训场所选择

人力资源部要提前选好培训场所，并且最好要有其他备选场所。一般情况下，根据学员人数的多寡和培训的内容选择培训场所。比如选择大面积或小面积的场所、选择户外或户内、选择自备场所或是租用相关场所。

在挑选培训场所时，一定要考虑以下事项：

（1）选择培训教室。

①教室面积一定要足够大，但也不能太大，以免给人空荡荡的感觉，造成消极的学习情绪。

②在培训教室里一定要置留供书写和放置资料的工作区。

③培训教室是否有通风设备、是否运转良好、如何控制。

④培训师的工作区是否有足够大的空间来放置材料、媒体工具或其他器材。

⑤要保证坐在后排的学员可以看清屏幕。

⑥检查邻近是否有干扰，比如其他培训班、工作人员办公室等（因为噪声会分散人的注意力，影响培训者学习）。

⑦检查休息室、饮用水、茶点的状况。

（2）培训场所布置。培训教室可用多种不同方式加以布置。需要考虑的主要因素是必须满足培训效果的要求，且使学员感到舒服。房间越具备灵活布置的可能性就越好。

（3）培训场所细节。布置好场所后，还需进一步注意一些细节，包括电源插口、日光灯、空调、多媒体设备以及场内其他设施。

（4）培训设备准备。需要准备培训设备，主要包括投影仪、白板、计算机、印刷材料等。

（5）培训后勤工作。为了保证培训的顺利完成，人力资源部需要精心安排相应的后勤保障，以保证培训的顺利进行。在一次培训的过程中，具体的后勤工作主要包括准备交通工具、准备教学设备及辅助工具、设定技术维护人员、安排茶点膳食等。

第二节　管理流程

流程01：年度培训计划制作流程

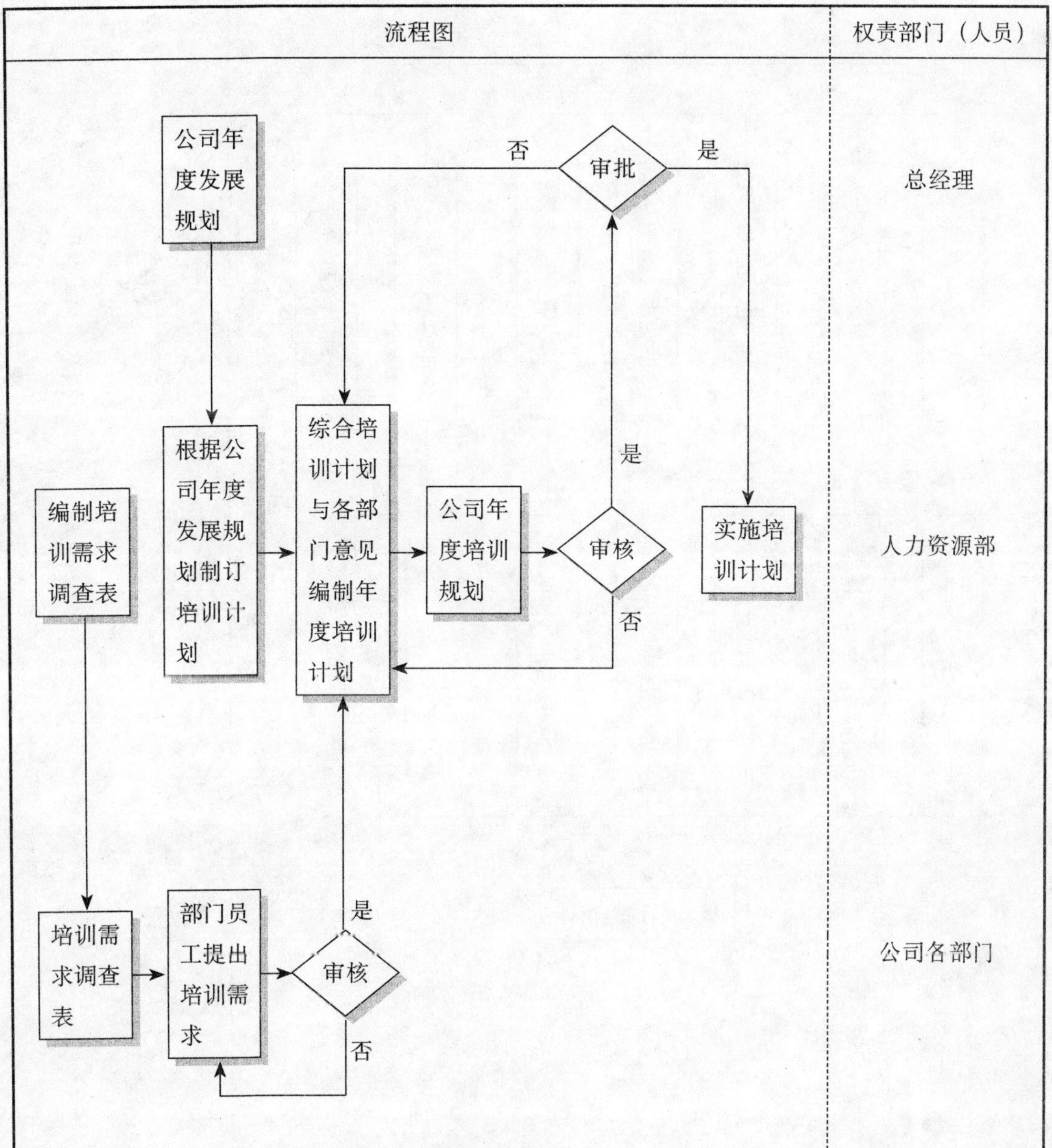

年度培训计划制定流程图

流程02：培训需求调查流程

流程图	权责部门（人员）
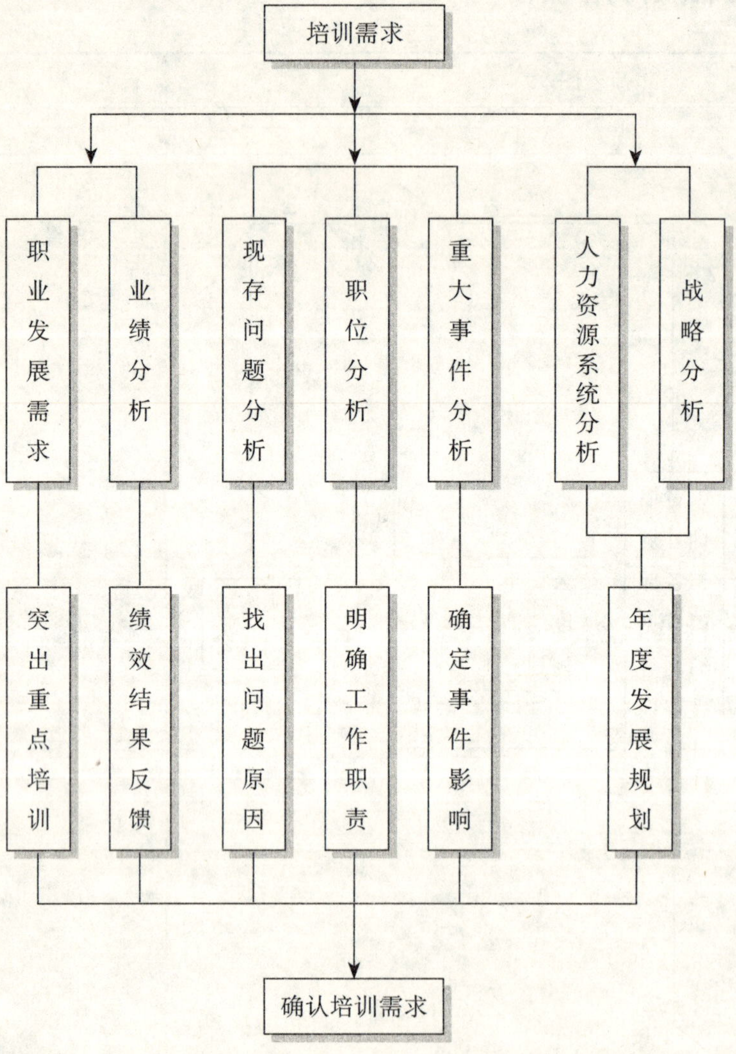 培训需求调查流程图	人力资源部

流程03：新员工入职培训流程

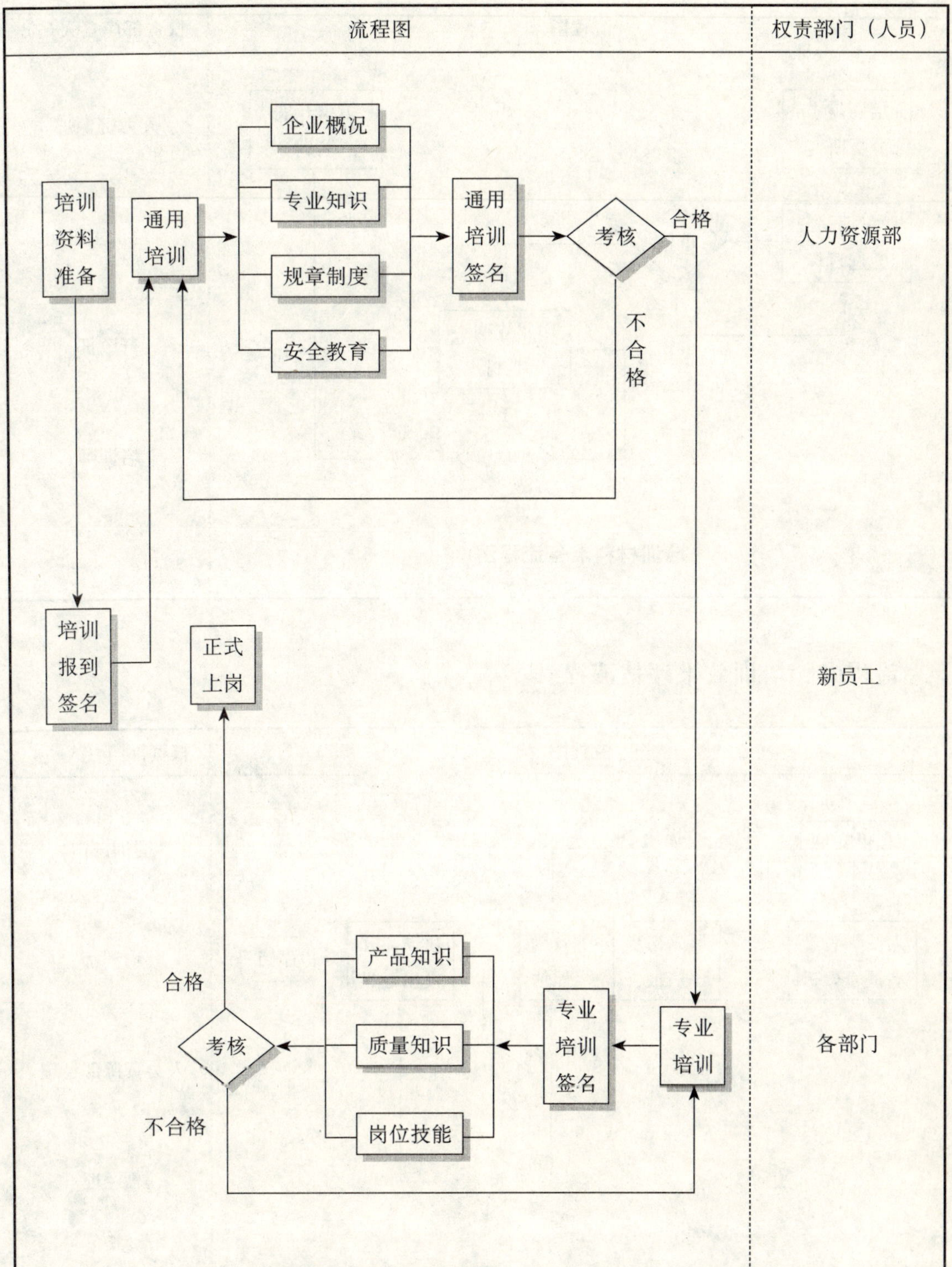

新员工入职培训流程图

流程04：培训材料准备流程

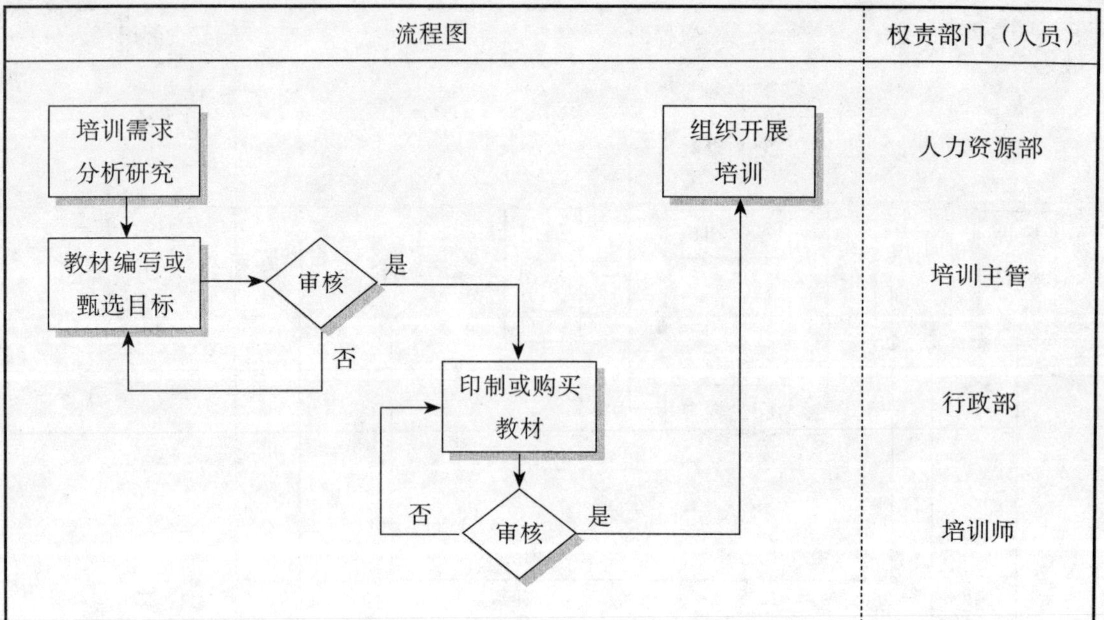

培训材料准备流程图

流程05：培训效果评估流程

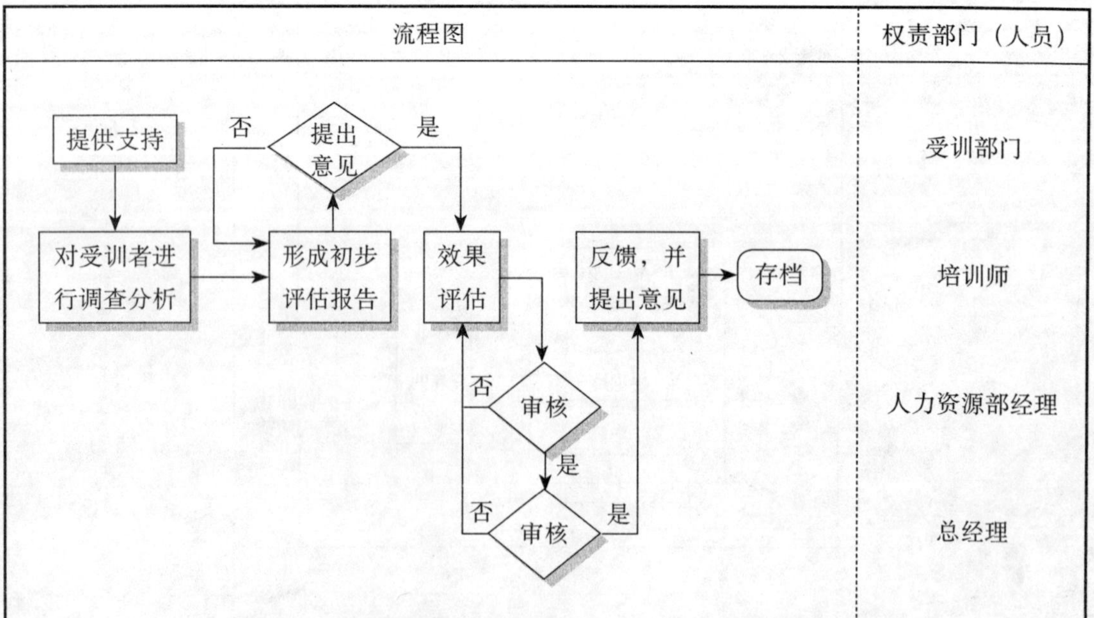

培训效果评估流程图

第三节 管理制度

制度01：员工岗前培训规定

1. 目的

岗前培训的宗旨是使新进人员了解公司概况及公司规章制度，便于新进人员更快胜任岗位工作。

2. 适用范围

凡公司新进人员必须参加本公司举办的新进人员岗前培训，其具体实施均需依本规定办理。

3. 培训阶段

3.1 总部培训

公司总部的培训最重要的是使新进人员获得本公司相关信息，主要包括下列各点：

3.1.1 公司的状况。

3.1.2 参观公司的各个部门及受训者未来的工作岗位。

3.1.3 介绍其岗位特征及如何与其他部门配合。

3.1.4 熟悉公司产品的性能、包装及价格。

3.1.5 市场销售情况的分析。

3.1.6 对市场上同类产品及厂家要有相应的了解。

3.1.7 聘请专家实施口才培训。

3.2 分公司培训

分公司的培训重点在于受训者对未来实际工作技术的学习，主要应在下列几方面加强培训：

3.2.1 使受训者了解其未来工作职责等相关情况。

3.2.2 了解每天的例行工作和非例行工作。

3.2.3 强调时间与效率的重要性。

3.2.4 强调各部门之间的协调与配合。

3.2.5 分公司培训的负责人员必须是新进人员未来的主管和实地培训的负责人。

3.2.6 分公司培训的示范者必须具有丰富的工作经验和正确的技术，切忌教导新进人员投机取巧的方法。

3.3 实地培训

3.3.1 实地培训即为见习期，是受训者在一位资深员工的指导下实际去从事未来所承担的工作。

3.3.2 实地培训应尽量让受训者现场操作，指导人员则在旁协助，待受训者做完某项工作后再告诉他应改进的地方。

3.3.3 凡担任实地指导培训的人员，公司一律向其发放特殊奖金，以促使其更好地指导受训者。

4．培训内容

4.1 基本内容

岗前培训的内容应随着各部门的性质、工作区分由各部门自行决定，但都应包括下列基本内容：

4.1.1 建立有关方面的知识体系。

4.1.2 有关技术方面的培训。

4.1.3 相关制度、程序方面的培训。

4.1.4 新进人员态度与自信心的培训。

4.2 公司情况

对新进人员，必须首先使其了解公司概况，包括公司的结构、目标、政策、产品及其特质、市场情况分析，使其对公司工作性质及进展有一个初步的了解和心理准备。

4.3 “程序规定”培训

对新进人员应给以“程序规定”培训，培训其对于时间支配和工作计划能力作适当的组织和配合，引导其按一定程序来达成工作的目标。

4.4 “态度与信念”培训

在新进人员进入公司后，需给予其“态度与信念”的培训。“态度与信念”培训的宗旨在于使新进人员对于公司、工作岗位上的问题有乐观、积极、充满信心与活力的态度和热诚服务的信念。

5．附则

本办法如有未尽事宜应随时加以修改。

制度02：在职员工培训制度

1．目的

为规范公司培训工作，有效开发员工潜在能力，提高人力利用效率，促进员工自身素质和能力的提升，特制定本制度。

2. 适用范围

本制度适用于公司所有在职员工。

3. 权责

3.1 人力资源部

3.1.1 制订公司年度培训计划。

3.1.2 组织实施公司统一培训项目。

3.1.3 对公司各个培训项目的实施进行监督、指导和评估。

3.1.4 建立并管理员工培训档案。

3.2 用人部门

各用人部门负责本部门相关专业技术、业务培训以及部门所属员工培训的组织、评估工作。

3.3 其他相关部门

其他相关部门为公司员工培训工作提供支持与配合。

4. 培训目标及政策

4.1 设置培训目标

公司根据在职员工的入职工龄将其划分为不同的阶段，并设置相应的培训目标。

4.1.1 入职1～2年。员工无法独立完成工作，需要拟订个人培养计划，使其做到从需要主管辅助工作到能够自己独立开展工作。

4.1.2 入职3～5年。员工能够独当一面，肩负公司或部门主要工作任务，需要拟订个人能力提升计划，使其掌握改进工作方法、提升工作能力及效率的方法和技巧。

4.1.3 入职5年以上。员工可以胜任更高一级工作，应为其提供更高一级的工作机会，培养其胜任更高一级工作所需的知识和能力，并使其掌握培训候补人员的技能。

4.2 制订培训计划

4.2.1 在职培训计划根据人力资源部调查汇总各部门在职人员的培训需求来制订和执行。

4.2.2 在职人员每年度参加培训的时间应不少于40课时。其中，高层管理人员每年度的培训时间应不少于80课时，中基层管理人员每年度的培训时间应不少于100课时。

4.3 选择培训讲师

4.3.1 专业培训需要由经验丰富的专业人员、技术专家或相关领域专业人士担任培训讲师。

4.3.2 公共课程或通用培训课程讲师可由企业内训师、培训机构的专职培训讲师担任。

4.4 培训审批及课程设置

4.4.1 凡参加培训项目的在职员工应由其所属部门相关负责人将其培训申请表报至人

力资源部，经人力资源部审查核准后方可参加培训。

4.4.2 每次培训项目的具体课程由人力资源部与相关部门共同设置。

4.4.3 每次培训项目的具体实施时间由人力资源部根据培训计划和公司实际情况安排。

4.4.4 每次培训项目实施过程中的组织和管理工作由人力资源部安排专职人员负责。

5．培训评估及档案管理

5.1 培训评估

5.1.1 每次培训项目结束后，相关负责人应实施培训考核，及时检查培训效果。

5.1.2 培训考核方法包括笔试测验、现场操作等。

5.1.3 培训考核成绩将于培训结束一周内公布，并作为员工年度绩效考核的参考依据。

5.1.4 人力资源部定期调查培训效果，收集员工对培训的意见。

5.2 档案管理

5.2.1 员工参加每次培训项目的具体情况都将记入其培训档案。

5.2.2 员工培训档案的内容主要包括该员工培训需求调查表、培养计划、培训考勤记录、培训考核成绩、培训效果记录考核等。

6．附则

(1) 员工在职培训所需花费由具体项目负责人申请，报人力资源部、财务部经理和总经理审核。

(2) 培训结束后，培训负责人可凭财务凭证到财务部报销，多退少补。

(3) 本制度提交总经理审批后颁布实施，其中未尽事宜可随时增补，提交总经理审批后生效。

(4) 人力资源部负责本制度的监督执行，并且具有最终解释权。

制度03：外部培训管理规定

1．目的

为规范外部培训管理，增强培训激励作用，特制定本规定。

2．适用范围

本规定适用于公司所有外派培训和外聘讲师到公司培训。

3．外部培训形式

(1) 企业管理辅导机构所举办的培训。

(2) 学者专家专题演讲会和座谈会。

(3) 大专院校专业科目选修。

(4) 其他形式的外部培训。

4．管理规定

4.1 外部培训管理

4.1.1 参加外部培训的主管一定要寻找职务代理员工，代理其职务。

4.1.2 受训人员需遵守主办机构规定的报到、上课、测试的培训管理规定。

4.1.3 受训人员在受训期间，应特别注意其言行举止，以维护公司的形象。

4.1.4 外部受训如属于上班时间，视如上班，按上班考核出勤。

4.1.5 受训人员如不能完成培训，应呈报详细具体理由，由部门负责人审核，总经理审批，人力资源部备案后方可退训。未经审批而擅自退训人员，其培训费和差旅费等一切费用自行负担，已受训日为上班时间的则视为事假。

4.2 培训后管理

4.2.1 外培人员如考核成绩不合格未能取得结业资格者，应呈报具体理由，由部门负责人审核，总经理审批，人力资源部备案后方可报销培训费。否则其培训费和差旅费等一切费用自行负担，已受训日为上班时间的则视为事假。

4.2.2 受训人员应于培训结束后15个工作日内将“培训心得报告”和“工作改善计划”及培训教材一并交至人力资源部。“培训心得报告”和“工作改善计划”过期不交者，除一年内不得委外受训外，年终不得评为优秀员工。

4.2.3 举办机构如发受训证明文件，受训人员应将受训证明文件正本送人力资源部存档，离职时办清手续后退还。

4.2.4 受训者返回后一个月内应就受训内容向相关人员进行传授，不得借故推诿。

5．外部培训费用借支和报销

5.1 外部培训费用借支

参加培训员工凭经批准的“外部培训申请表”到财务部办理借款手续，并应及时到指定培训机构（地点）报到。

5.2 外部培训费用报销

5.2.1 员工外派期间的差旅费按公司相关差旅费用开支标准予以报销。

5.2.2 上班时间外被指派参加训练者，不得申报加班费。

5.2.3 费用报销审核应由人力资源部审核，相关手续不完善者，不予审核。

5.2.4 外部培训，当日可往返者，以公差办理，若因路途遥远或依受训机构规定，需于当地留宿，而培训机构未提供交通费和伙食费的，根据公司相关的差旅费规定办理。

5.2.5 员工培训费用超过其月工资标准的，公司每月从其月工资中暂扣工资的20%作为培训抵押金，待培训结束，经人力资源部对培训合格证书审核确认后，可退还全部抵押金。未取得培训合格证书的，抵押金不予退还，冲抵已借支的培训费。

5.2.6 培训费用超过××××元人民币的，员工要与公司签订培训协议。

5.2.7 培训结束后15日之内，员工应持培训心得报告、工作改善计划、结业证书或培训合格证明等上报人力资源部，经审核确认后，方可予以报销培训费。未按要求上报确认的，培训费用自付。

6．附则

本制度解释权和修订权归属公司人力资源部。

第四节　管理表格

表格01：员工培训需求调查表

表5-8　　员工培训需求调查表

部门：　　　　　　　　　　　　　　　填表日期：　　年　　月　　日

<table>
<tr><td rowspan="2">培训类别</td><td rowspan="2">培训内容</td><td rowspan="2">是否同意</td><td colspan="3">参加人员</td><td colspan="5">培训方式</td></tr>
<tr><td>自愿参加</td><td>指定人员</td><td>部门全体员工</td><td>课堂授课</td><td>在实践中演示</td><td>标杆</td><td>座谈提问</td><td>其他</td></tr>
<tr><td rowspan="3">公司简介</td><td>公司发展史、组织结构、主要业务</td><td></td><td></td><td></td><td></td><td></td><td></td><td></td><td></td><td></td></tr>
<tr><td>公司规章制度及福利待遇</td><td></td><td></td><td></td><td></td><td></td><td></td><td></td><td></td><td></td></tr>
<tr><td>其他</td><td colspan="9">请说明：</td></tr>
<tr><td rowspan="7">业务知识</td><td rowspan="2">各部门员工根据各自的岗位特点提出需求</td><td rowspan="2">是否同意</td><td colspan="3">参加人员</td><td colspan="5">培训方式</td></tr>
<tr><td>自愿参加</td><td>指定人员</td><td>部门全体员工</td><td>课堂授课</td><td>在实践中演示</td><td>标杆</td><td>座谈提问</td><td>其他</td></tr>
<tr><td></td><td></td><td></td><td></td><td></td><td></td><td></td><td></td><td></td><td></td></tr>
<tr><td></td><td></td><td></td><td></td><td></td><td></td><td></td><td></td><td></td><td></td></tr>
<tr><td></td><td></td><td></td><td></td><td></td><td></td><td></td><td></td><td></td><td></td></tr>
<tr><td></td><td></td><td></td><td></td><td></td><td></td><td></td><td></td><td></td><td></td></tr>
<tr><td>其他</td><td colspan="9">请说明：</td></tr>
<tr><td>其他知识</td><td colspan="10">请说明：</td></tr>
<tr><td>备注</td><td colspan="10">1．所列内容仅供参考，在同意的项目栏打√，还可列出自己需要的内容。
2．请您根据您所在部门员工的需求填写此表。
3．如篇幅有限，必要时可另附纸说明。</td></tr>
</table>

表格02：培训需求信息汇总表

表5-9　　培训需求信息汇总表

编号：

部门：　　　　　　时间：

填表说明：根据实际情况在相应的表格里填写具体内容或打“✓”

<table>
<tr><td colspan="2">培训类别</td><td></td><td></td><td></td></tr>
<tr><td colspan="2">主要课程</td><td></td><td></td><td></td></tr>
<tr><td rowspan="3">部门是否需要通过这个课程提高工作效率</td><td>需要</td><td></td><td></td><td></td></tr>
<tr><td>说不清</td><td></td><td></td><td></td></tr>
<tr><td>不需要</td><td></td><td></td><td></td></tr>
<tr><td rowspan="3">是否需要给员工安排这类培训</td><td>需要</td><td></td><td></td><td></td></tr>
<tr><td>说不清</td><td></td><td></td><td></td></tr>
<tr><td>不需要</td><td></td><td></td><td></td></tr>
<tr><td rowspan="3">这个课程需要掌握到哪种程度</td><td>熟练掌握</td><td></td><td></td><td></td></tr>
<tr><td>基本掌握</td><td></td><td></td><td></td></tr>
<tr><td>略知</td><td></td><td></td><td></td></tr>
<tr><td colspan="2">课程需要安排多少个课时讲授</td><td></td><td></td><td></td></tr>
<tr><td colspan="2">培训安排在本年的哪个时间段较合适</td><td></td><td></td><td></td></tr>
<tr><td colspan="2">需要接受培训的人数</td><td></td><td></td><td></td></tr>
<tr><td rowspan="4">由谁来实施培训活动</td><td>公司</td><td></td><td></td><td></td></tr>
<tr><td>部门</td><td></td><td></td><td></td></tr>
<tr><td>专业人员</td><td></td><td></td><td></td></tr>
<tr><td>外训</td><td></td><td></td><td></td></tr>
</table>

表格03：员工培训记录表

表5-10　　员工培训记录表

姓名	1			2			3			费用合计
	培训名称	日期	费用	培训名称	日期	费用	培训名称	日期	费用	

表格04：年度培训计划（公司级）

表5-11　　年度培训计划（公司级）

序号	培训部门	培训对象	培训内容	培训时间	培训目的	培训师	学时	费用	备注

表格05：年度培训计划（部门级）

表5-12　　年度培训计划（部门级）

序号	主办部门	培训对象	培训内容	培训时间	培训目的	培训师	学时	经费预算	备注

表格06：外部培训申请表

表5-13　　外部培训申请表

姓名		工号		职位		部门	
课程名称							
课程内容							
名称		起始日期		截止日期		学费	
培训费用							
培训费							
交通费							
住宿费							
膳食费							
杂费							
其他费用							
总计							
备注							

表格07：在职培训费用申请表

表5-14　　在职培训费用申请表

部门	姓名	人员代号	□讲授科目	时数	钟点数	总计（元）	盖（签）章
			□教材名称	字数（千字）	教材费		
财务部		人力资源部				员工所在部门	

表格08：内部培训师资格申请表

表5-15　　内部培训师资格申请表

<table>
<tr><td>申请部门</td><td colspan="4"></td><td colspan="2">申请时间</td><td></td></tr>
<tr><td colspan="8">申请人简况</td></tr>
<tr><td>姓名</td><td></td><td>性别</td><td></td><td>年龄</td><td></td><td>学历</td><td></td></tr>
<tr><td>职称</td><td></td><td colspan="2">毕业学校</td><td colspan="4"></td></tr>
<tr><td rowspan="8">工作经历</td><td colspan="2">时间</td><td colspan="2">部门</td><td colspan="3">岗位（职务）</td></tr>
<tr><td colspan="2"></td><td colspan="2"></td><td colspan="3"></td></tr>
<tr><td colspan="2"></td><td colspan="2"></td><td colspan="3"></td></tr>
<tr><td colspan="2"></td><td colspan="2"></td><td colspan="3"></td></tr>
<tr><td colspan="2"></td><td colspan="2"></td><td colspan="3"></td></tr>
<tr><td colspan="2"></td><td colspan="2"></td><td colspan="3"></td></tr>
<tr><td colspan="2"></td><td colspan="2"></td><td colspan="3"></td></tr>
<tr><td colspan="2"></td><td colspan="2"></td><td colspan="3"></td></tr>
<tr><td colspan="8">自我鉴定：

签字：</td></tr>
<tr><td colspan="8">部门推荐意见：

负责人签字：</td></tr>
<tr><td colspan="8">人力资源部意见：

签章：</td></tr>
<tr><td colspan="8">总经理意见：

签字：</td></tr>
</table>

表格09：外部培训费用报销审批表

表5-16　　外部培训费用报销审批表

日期：

培训项目		培训时间	
姓名		部门	
岗位		实际培训费（元）	
根据公司培训费用的相关规定填写费用明细单（元）			
学费		考试费	
报名费		职称评审费	
交通费		餐费	
住宿费		其他	
应报销金额合计			
培训资料名称（包括证件）			
部门领导			
人力资源部审批			
总经理审批			
备注	1．外派人员培训结束后，其培训资料交与人力资源部备档，作为公司内训教材。 2．外部培训项目包括自行考证、学历进修，技能培训等。 3．此表审批结束后，原件交财务部，复印件交人力资源部备档。 4．以上相关报销费用，必须有符合财务规定的相关票据附后。		

表格10：参加培训人员名册及考勤表

表5-17　　参加培训人员名册及考勤表

课程名称：　　　　　　　　　　　　　　　　日期：

考勤 姓名											

表格11：员工培训报告表

表5-18　　员工培训报告表

年　月　日

培训名称	
培训时间	
培训方式	
培训师简介	
培训反馈	
受训心得	
培训建议	
人力资源部意见	
总经理意见	

表格12：员工培训档案

表5-19　　　　　　员工培训档案

姓名		性别		出生年月		身份证号码	
学历		专业		所属部门		职位	

培训时间	培训内容	培训机构	取得证书	所在部门	所在岗位	备注

人力资源部评语：	所在部门评语：
签名： 年　　月　　日	签名： 年　　月　　日

表格13：员工培训信息反馈

表5-20　　　　　　员工培训信息反馈表

年　　月　　日

培训名称及编号		参加人员姓名	
培训时间		培训地点	
培训方式		使用资料	
培训者姓名		主办单位	

续表

培训后反馈信息		
受训人意见	课程安排是否合理	□是　□否
	所学内容与工作联系是否密切	□是　□否
	主管是否支持本次培训	□是　□否
	对所学内容是否感兴趣	□是　□否
	所学内容的难易程度能否接受	□是　□否
	对培训师的授课方式是否满意	□是　□否
	培训师授课是否认真	□是　□否
	培训师是否能够针对学员特点安排课堂活动	□是　□否
其他建议		

表格14：在职培训实施结果表

表5-21　　在职培训实施结果表

部门名称	项目	班次	人数	时间	费用	备注
	预定					
	实际					
	预定					
	实际					
	预定					
	实际					
	预定					
	实际					
	预定					
	实际					

第五节 问题解答

问题01：企业培训有哪些常见误区

1. 培训是为他人作嫁衣

企业中人才的高流动率使人力资源部面临这样一种困境：花费大量人力、物力、财力培养了需要的人员，最后却留不住人才，后为别人做嫁衣，得不偿失。

这样一来，即使认识到培训对企业的特殊意义也会减少对培训工作的投入。另外，对于“所招人员不适应岗位工作”这个问题，有些高层管理者认为只有通过人员调整来解决，而不是通过培训来解决。

2. 培训是一种福利

福利是对主要利益的附加，如对薪资的附加，常见的福利如交通补贴、餐费补助、医疗保险等。现在很多人只关心工资水平，至于有没有培训则无所谓，而培训期间的优厚待遇，使人们常常把培训当成了一种福利。根本原因是很多人没有充分感受到工作竞争的压力，仅仅将培训视为一种福利，自然就不会发挥出培训应有的作用。

3. 对培训有错误理解

有人认为培训就是组织理论学习和政治思想教育或者是某些技能学习，无须与企业的长期发展目标联系起来。他们没有将培训作为企业发展的动力，缺乏长远的目光，仅着眼于企业短期需求，显然跟不上企业的发展步伐。

问题02：如何明确员工培训需求

对许多管理层来说，培训工作“既重要又茫然”，根本问题在于企业对自身的培训需求不明确但又意识到培训的重要性。怎样才能更加明确员工的培训需求？

（1）了解公司的各岗位信息、岗位工作职责、工作内容、工作流程、所需知识技能、绩效考核指标等。

（2）理解公司中长期发展规划及目标，将其细化到各个工作岗位上，明确各个部门、各个岗位的具体要求。

（3）建立员工信息系统，将员工具体信息与企业岗位要求相结合，如果员工的知识、技能等低于工作任务的要求时，证明存在培训需求。

（4）一般培训需求来源，一是工作要求的变化和客户需求的变化；二是企业人事的变化，升职、降职、新老交替都会产生培训需求；三是绩效的变化，绩效不足自然产生培训需求。

问题03：试用期员工的培训费用，怎样处理

在日常人力资源管理过程中，经常会遇到要给试用期员工提供较高成本外派培训费用的情况，因此，单位会与劳动者约定违反服务期的培训违约金。

根据《中华人民共和国劳动合同法》规定，劳动者在试用期内提前三日通知用人单位，即可解除劳动合同。这是法律赋予试用期劳动者的辞职权，《劳动部办公厅关于试用期内解除劳动合同处理依据问题的复函》规定："用人单位出资（指有支付货币凭证的情况）对职工进行各类技术培训，职工提出与单位解除劳动关系的，如果在试用期内，则用人单位不得要求劳动者支付该项培训费用。"

因此，劳动者在试用期内解除劳动合同的，无须赔偿用人单位支付的培训费用，即使劳动合同中有约定，该约定也无效。

为了避免劳动者在试用期内获得用人单位的专业技术培训后离职，用人单位可采取如下应对措施：

（1）尽量不在试用期内支付专项培训费用对劳动者进行专业技术培训。

（2）如急需对劳动者进行专业技术培训，且劳动者仍处于试用期的，可提前办理转正手续。

问题04：安排培训时间，需要考虑哪些因素

1. 员工工作时间状况

首先，培训时间的安排尽量不要与工作时间冲突；其次，培训是否占用工作时间要根据员工的具体情况而定，并且一定要和员工主管沟通协调，征得主管的同意，并且以不会给员工带来绩效和收入上明显的损失为宜。

2. 培训时间的长短

培训时间应长短适当，不宜过长。一般新员工岗前由人力资源部组织实施的培训，其培训时间为入职的1至3天。部门岗位实操培训则根据实际情况为1～2个月。老员工的培训时间则可以根据实际情况，可以是1天，也可以是一周。

3. 培训时间的安排要与培训内容、方法匹配

培训时间的安排要与培训内容相匹配，例如，知识性内容的培训时间不宜太长，也不宜安排在员工精神不好的时间段；需要反应性、灵敏性比较高的操作项目不宜安排在晚上；课程传授方式容易使受训者困倦的，最好避开午休时间，而管理游戏类培训可以在员工易感觉困倦的时间段内进行等。

4. 课程时间分配合理

课程的进度要均匀，既不能前松后紧，也不能前紧后松。培训管理者应当做好进度的监控，协助培训师掌握好时间安排。

第六章

绩效考核与激励

内容提示　>>>

◇管理要点

◇管理流程

◇管理制度

◇管理表格

◇问题解答

第一节　管理要点

要点01：绩效考核指标分类

绩效考核指标可按不同的方法来分类。

1. 绩效考核内容

绩效考核的内容主要包括工作业绩、工作能力、工作态度三个方面。如表6-1所示。

表6-1　按绩效考核的内容分类

类别	说明	主要表现
工作业绩考核指标	工作行为所产生的结果，主要包括员工完成工作的数量、质量、成本费用以及为组织做出的其他贡献，包括岗位上取得的绩效与岗位以外取得的绩效。工作业绩指标表现为关键工作职责，也可能是年度的业绩，一般来说，它属于关键绩效指标。	（1）质量指标。 （2）数量指标。 （3）成本费用指标。 （4）工作效率指标等。
工作能力考核指标	根据工作分析的相关理论可知，不同职务、不同岗位对人的工作能力的要求是不同的。在绩效考核时，需要设计相应的能力指标，此方面的指标要能够引导并激励员工提高与工作相关的工作能力。	（1）体能：取决于年龄、性别及健康状况等因素，是属于个人特质的指标。 （2）学识：包括受教育水平、专业技术水平以及工作经验等项目。 （3）智能：指员工认识客观事物、获取知识并运用知识解决实际问题的能力，主要包括认识、记忆、分析、归纳、综合、判断及创新力。 （4）专业技能：包括计划能力、协调能力、操作能力、沟通交流能力、组织能力和创新能力等，它与员工的岗位有关，各有侧重点。
工作态度考核指标	不同的工作态度会产生截然不同的工作结果。在其他特征一定的前提下，工作态度不同，其结果也会大相径庭。	敬业、勤奋、忠诚、自制、进取、协作和热情等。

2. 考核依据的主客观性

根据考核依据的主客观性，绩效指标可以分为硬指标和软指标两类。如图6-1所示。

	定义	表现	比照
硬指标	指以统计数据为基础，把统计数据作为主要的评价信息，以数量表示考核结果的考核指标。	工作业绩的质量指标、数量指标、成本费用指标都属于此类指标。	依靠计算机来处理考核结果，但若数据来源或计算技术不可靠，考核结果会有较大偏差。
软指标	指通过人的主观评价而得出评价结果的指标。软指标要解决的最大问题是评价经验的局限性和主观性。	工作能力中的潜力属于软指标，工作态度也基本属于软指标。	在硬指标所需的数据不充分、不可靠时，软指标能够做出更加有效的判断。

图6-1　硬指标与软指标

3. 绩效指标性质

依绩效指标的性质来分，绩效指标可分为特征指标、行为指标和结果指标，如表6-2所示。

表6-2　按绩效指标的性质来分

类别	关注点	适用范围	特点
特征指标	关注工作的适应性	适用于对被考核者未来工作潜力的预测。	对于难以对被考核者的行为进行观察的工作，如科研、开发等较为有效；对一些可以观察的工作来说，将注意力集中在短期内难以改变的人的特质上，容易导致考核者主观意志过强，不利于沟通和绩效的改进。
行为指标	关注工作的执行	适用于考核可以通过单一方法或程序化的方式实现高绩效的岗位。	有利于引导行为和绩效改进。由于高绩效行为可以清楚确定，被考核者就更有意愿表现那些导致高绩效的行为。

续表

类别	关注点	适用范围	特点
结果指标	关注工作结果	适用于考核可以通过多种方法而不易采取程序化的方式实现高绩效的岗位。	结果指标的操作性强，由于它具有短期性和表面性，对于生产线上的员工比较适合。但结果指标容易诱使被考核者为了达到一定的结果而不择手段。

要点02：绩效考核指标来源

按照绩效指标是否根据考核者的主观意志制定，一般来说，绩效考核指标有以下三大来源。

1. 企业战略规划与年度经营计划

绩效考核必须坚持战略导向，在设计企业绩效指标体系时，必须充分研究企业的战略规划与近年来的年度经营计划。如果企业追求质量，那么它的绩效考核就应该引入产品质量指标，以及控制产品质量的过程指标；如果企业追求顾客满意度，就要考核顾客满意指标，以及影响顾客满意的过程指标。

清晰的企业战略与明确的年度经营计划是绩效指标设计的前提，企业战略规划的实施，必须通过战略导向绩效指标的设计来实现。而根据企业战略、年度经营计划分解、提炼出来的绩效指标，可称为关键绩效指标（KPI）。

2. 部门职责与工作分析

通过工作分析明确工作职责，是设计绩效指标的基础性工作。绩效指标要解决的是工作的哪些方面需要考核，因此，管理者必须依据工作分析的结果，研究、分析被考核者所在部门及岗位的工作内容、性质及完成工作所应具备的条件等。在企业内，部门职责主要包括：企业设立本部门的目的、本部门职权以及本部门工作对企业战略实施的帮助。对于那些与企业战略目标、年度经营计划的联系并不是很密切的部门和岗位，比如行政后勤部门、保安员岗位等，其部门与岗位绩效指标可以根据其部门职责与岗位职责来提取。

3. 绩效沟通与改进

企业战略目标的实现，需要依赖绩效的持续改进。因此，绩效指标的另一个来源是企业和各部门存在的主要问题及其改进程度，以及与被考核者的绩效沟通与改进的结果等，这样才能保证指标来源的针对性和可操作性。改进指标在企业层面与部门层面称为管理要项，而在基层员工层面可称为行为指标。

要点03：绩效考核指标要求

为了保证绩效指标的有效性及在绩效管理工作中的可行性，在选择绩效指标时要遵照以下要求：

1. 贵精忌多

很多人认为，绩效指标越多，反映绩效也就越全面，因而效果也就越好。其实，绩效指标越多虽然可能越全面，但却因此增加了绩效管理的难度与复杂程度，使绩效管理无法对这么多的指标作出有效的评价与处理，而且有些指标可能对绩效来说并非必要。因此，对绩效指标的选择应在于精，而不在于多。

2. 贵明确忌模糊

绩效指标的选择必须是非常明确的，是能够被有效或可精确度量的。如果绩效指标是模糊的，并难以度量，那么这样的指标宁愿不要。

3. 贵关键忌空泛

在现代绩效指标的设计中，抓住关键是最重要的一条设计思路，也就是要通过对企业整体价值创造及业务流程的分析，找出对企业价值创造影响较大的指标，而不是"胡子眉毛一把抓"。只有抓住关键指标，才能有效地将企业的战略切实转化成员工的具体行动。

4. 贵敏感忌迟钝

绩效指标的敏感性表现在绩效指标能够区分出不同评价对象的不同程度与差别。选择绩效指标就是要选择那些可以区分出个体好坏、高低差别的指标。如果指标无法区分，个体的评价结果可能都一样，这样的指标也不能选择。

要点04：绩效分析方法

在进行绩效分析时，由于各职务的工作性质不同，所采用的分析方法也应不同。比较常见的有产品分析法、经济分析法、时间分析法和事故分析法等。

1. 产品分析法

产品分析法对于从事计件或计量产品生产的企业非常有效，产品分析法可以从产品数量和产品质量两个方面进行分析。比如对于企业的包装工人，考核人员可以通过计算其每小时包装产品的数量及合格率来分析他们的绩效；对于办公室的打字文员，每天（或每小时）的打字量及差错率就可以成为分析其绩效的主要依据。

2. 经济分析法

经济分析法是从经济的角度对员工进行绩效分析。一般来讲，经济分析可分为四个方面，即节约分析、利润分析、销售额分析和产值分析。如图6-2所示。

节约分析

对平均消耗成本（或预计消耗成本）与实际消耗成本的差异进行分析，就是节约分析。

利润分析

对工作过程中产出的货币量与投入的货币量之差进行分析，就是利润分析。对于销售部经理及项目经理，通过利润分析来确定绩效指标，可以提高他们对产品及项目利润率的关注度。

销售额分析

顾名思义，就是用销售额度来确定员工的绩效。在对销售人员进行销售额分析时，要注意将销售额和回款率相结合。

另外，对于企业的非销售人员，也可以将他们的绩效与企业整体（或某个项目）的销售额进行一定比例的捆绑。这样一方面能加强大家的市场忧患意识，另一方面，也能促进他们更好地为市场销售人员提供服务。

产值分析

对工作任务完成后所获得的货币量值进行分析，叫作产值分析。将生产部经理及生产人员的绩效与企业（或项目）的产值相挂钩，有利于提高他们的劳动生产率。

图6-2 经济分析法

3. 时间分析法

时间分析法就是以员工工作时间为分析单位对绩效进行分析。时间分析可以从在岗时间和实作时间两个方面进行。

各企业的考勤制度，就是一个常见的通过“在岗时间”进行绩效分析的例子。实作时间不包括完成这项工作的准备时间、休息时间及工作时间等。比如培训讲师的课时费就是以“实作时间”为分析对象的绩效结果。

时间分析法特别适用于从事生产性职业人员的绩效分析。

4. 事故分析法

对工作中不符合要求的工作事件进行分析，叫做事故分析法。比如工伤事故、列车的安全运行天数等都是通过“事故分析法”进行的绩效分析。

要点05：设计考核指标

绩效考核指标一般分为三个部分，它们分别是考核项目、项目内容和评分标准。设计指标也从这三个方面来进行。

1. 确定考核要素

考核要素指对该职务进行绩效考核时的考核内容，是考核的基本单位。以部门级管理人员的考核为例，我们可以对工作能力、工作态度和部门业绩三个方面进行细化。

（1）工作能力：业务管理能力、组织管理能力、综合管理能力、工作开创能力、培养下级的能力。

（2）工作态度：工作责任心、工作主动性、组织纪律性、服务配合性。

（3）部门业绩：内部管理情况、履行部门职责情况。

2. 确定考核内容

完成某职务考核要素的设定之后，要对该要素的具体内涵和关键点进行解释，这种解释性语句就是考核内容。

3. 考核评分标准赋值

（1）加减赋值法。采用加减赋值法首先要设定一个标准分值，这个标准分值可以是最高分值，也可以是及格分值。

如果标准分值是最高分值，实际上对考核指标的赋值只能用“减法”；如果标准分值是及格分值，则根据被考核人与及格指标的差异，超过部分赋值用“加法”，不合格部分赋值用“减法”。比如对管理人员“组织纪律性”考核要素而言，可以有以下三个要素标志，评分标准如表6–3所示。

考核要素：组织纪律性，最高分值：20分。

表6-3　加减赋值法

考核内容	评分标准
1．服从管理，服从指挥	出现一次不服从扣5分。
2．保守公司机密	出现一次泄密扣5分。
3．无迟到、早退、旷工和电话闲聊	迟到或早退一次扣1分；电话闲聊一次扣2分；旷工扣7分。

由于标准分值设置为“最高分值”，所以这里的“评分标准”中使用的是“减法”赋

值法。

（2）相对赋值法。相对赋值法是指不以考核的客观标准来赋值，而根据组织中全体考核对象的实际情况来赋值。比如对于绩效最高的员工可以给予满分，绩效最低的员工给予最低分，其他员工在此区间内进行排序。

相对赋值法既适用于客观衡量的考核量表，也适用于主观衡量的考核量表。

对于客观衡量的考核量表，我们可以对考核要素的实际数据进行一定的转换，从而更加客观地显示出被考核人的真实绩效状况。比如考核生产工人“产品合格率”这个考核要素，我们可以设置满分为5分，并制定出如下评分标准，如表6-4所示。

表6-4　　客观衡量考核量表

产品合格率	评分标准
97%以上	5分
95%～97%	4分
93%～94%	3分
91%～92%	2分
89%～90%	1分
89%以下	0分

从表6-4中可以发现，我们并没有要求产品合格率达到100%，才能获得最高分。因为根据企业的实际情况，产品合格率达到97%以上已经是非常不错了。如果我们以产品合格率100%作为最高分，很难有人能达到，这样时间久了会削弱绩效考核的激励效果。

（3）二次赋值法。考核人对考核要素进行两次赋值，但这两次赋值的范围是不同的。二次赋值法适用于主观衡量的考核量表。

比如在第一次赋值时，考核者为被考核者赋分为“良好”（10～12分之间），然后再在“良好”中选择“上、中、下”，分别代表10分、11分、12分。这种做法可以让考核者尽可能客观地去评价这些主观指标。

在对行政管理人员的“责任心”进行考核时，就可以采用二次赋值法，如表6-5所示。

表6-5　　二次赋值法

考核要素	考评标准	一次赋值	二次赋值
责任心	有远大的理想和抱负，工作一丝不苟，勇于承担责任	A	上
			中
			下
	有理想、有抱负、工作认真、责任心较强	B	上
			中
			下
责任心	有一定理想、工作尚努力、工作责任心一般，满足于完成日常工作	C	上
			中
			下
	理想浅薄、工作马虎、责任心不强	D	上
			中
			下
	缺乏理想、工作敷衍、责任心差	E	上
			中
			下

采用二次赋值法时，如果能够将全体被考核者就同一项考核要素进行对比考核，效果会更好。

（4）　统计赋值法。统计赋值法的目的也是为了提高对主观衡量考核的公正性。统计赋值法适用于主观衡量的考核量表。我们常见的360度考核，就采用了统计赋值法。

不同的考核者，其考核结果可以占有不同的权重，最后经过统计，就可得出被考核者的考核成绩。比如对销售人员“工作成绩”的考核，可以分为初评和复评两次，初评由销售组长进行，复评由部门经理进行，如表6-6所示。

表6-6　　统计赋值法示例

考核项目	评分标准					初评（组长）		复评（经理）		总分
	5	4	3	2	1	得分	权重	得分	权重	
年度目标实现	超额完成	较好完成	基本完成	主要部分完成	大部分完成		30%		70%	
工作质量	高质量	比较好	一般	尚能接受	不能接受		30%		70%	
工作改善情况	显著改善	较大改善	改进一些	稍微改进	没有改善		30%		70%	
客观贡献	对公司贡献很大	对公司有较大贡献	对部门有很大贡献	对部门有较大贡献	对部门贡献较小		30%		70%	

在使用统计赋值法时，要注意使不同考核方的权重尽量合理，若有员工自评一项，一般不对员工自评成绩进行统计。

要点06：绩效指标权重设计

绩效指标在评估体系中的重要性或绩效指标在总分中所应占的比重，是每个绩效指标在整个指标体系中重要性的体现。设定绩效考核指标权重的具体方法很多，企业中较常见的主要有以下几种。

1．主观经验法

主观经验法主要依靠历史数据和专家的直观判断来确定权重。这种方法需要企业有比较完整的考核记录和相应的评价结果，它可以是决策者个人根据自己的经验对各项评价指标重要程度的认识，或者从引导意图出发，对各项评价指标的权重进行分配，也可以是集体讨论的结果。

主观经验法的主要优点是决策效率高、成本低，容易被人接受，适合专家治理型企业；主要缺点是由此方法获得数据的信度和效度不高，且具有一定的片面性，对决策者的能力要求很高。

2．对偶加权法

对偶加权法是将各考核指标进行比较，然后将比较结果进行汇总比较，从而得出权重的方法。如表6-7所示，将六大要素的首行和首列中分别列出，将行中的每一项要素与列中的各个要素进行比较，比较标准如下：

行中要素的重要性大于列中要素的重要性记1分。

行中要素的重要性小于列中要素的重要性记0分。

行中要素与列中要素一样时标记“-”。

比如行中B要素的重要性与列中各要素的重要性进行比较，结果为：0、-、0、1、1、0。

对偶加权法比较简单，适用于比较对象不多的情况。

表6-7　　对偶加权法示例

	A	B	C	D	E	F
A	-	1	0	1	1	1
B	0	-	0	1	1	0
C	1	1	-	1	1	1
D	0	0	0	-	1	0
E	0	0	0	0	-	0
F	0	1	0	1	1	-
合计	1	3	0	4	5	2

最后，对各项目的分值进行统计，即可得出各绩效考核指标重要性的排序，上表中，绩效考核指标按重要性排序为：E、D、B、F、A、C。

3. 权值因子判断表法

权值因子判断表法，即通过对各个项目进行一对一深入比较和赋值。此方法的步骤较多，适用于被考核者较多、考核指标较多的情况。权值因子判断表法的基本操作步骤如下。

（1）组成专家评价小组。包括人力资源专家、评价专家和其他相关的人员。根据对象和目的的不同，可以确定不同的构成。

（2）制定评价权值因子判断表，并由各专家分别填写。权值因子判断表如表6-8所示。一般来说，该方法采取的是四分值，要求专家和管理者对行中指标进行打分，非常重要的指标记为4分，比较重要的指标记为3分，同样重要的指标记为2分，不太重要的指标记为1分。

表6-8　　权值因子判断表

序号	指标名称	指标序号					分值
		1	2	3	4	5	
1	服务质量（A）	—	4	4	3	3	14
2	服务响应性（B）	0	—	2	2	4	8
3	沟通技巧（C）	0	2	—	3	2	7
4	服务创新度（D）	1	2	1	—	1	5
5	业务知识（E）	1	0	2	3	—	6

（3）进行折算打分。对各位专家所填的权值因子判断表进行统计，并将统计结果折算为权重。

4. 排序加权法

排序加权法是最简单、最常用的加权法。首先根据各考核要素的重要性从大到小进行排序，如可以把仓管员的五项考核要素进行排序：E、A、D、B、C。然后，选择对他们赋予不同的权数，如：E-5、A-4、D-3、B-2、C-1，最后再把它们按照百分比进行分配。

要点07：绩效指标检验

1. 审核绩效指标

在设定了绩效指标之后，还需要进一步对这些绩效指标进行审核，以确认这些绩效指标是否能够全面、客观地反映被评估对象的工作绩效，以及是否适合于评估操作。

审核绩效指标主要可从工作产出是否为最终产品；多个评估者对同一个绩效指标进行评估，结果是否能取得一致；指标总和是否可以包括被评估者80%以上的工作目标；绩效指标是否具有可操作性；是否留下超越标准的空间五个方面予以评价。

2. 设定绩效指标的常见问题及解决方法

以下列出了设定绩效指标的常见问题以及纠正和解决这些问题的方法，如表6-9所示。

表6-9　　设定绩效指标的常见问题及解决方法

常见问题	问题举例	解决或纠正方法
工作的产出项目过多	列出了15～20项的工作产出。	去掉与工作目标不符合的工作产出，识别出这些活动的结果对组织的增值贡献，并把这些贡献作为增值产出合并同类项，把一些工作产出归到一个更高的类别。
绩效指标不够全面	对某项工作产出可以从质量、数量和时限几个方面进行衡量，而在绩效指标中仅仅给出了数量标准，如“发展客户的数量”。	设定针对各个方面的全面的绩效指标。
对绩效指标的跟踪和监控耗时过多	正确回答客户问题的比率。	跟踪“正确率”比较困难，可跟踪“错误率”。
绩效标准缺乏超越的空间	绩效标准中使用“零错误率”“100%”“从不”“总是”“所有”等。	如果100%正确的绩效标准确实必须达到，那么就将其保留；如果不是必须达到的，就修改绩效标准以留下超越标准的空间。

要点08：建立绩效考核指标体系

单个的指标只能反映绩效的某个方面，因此必须建立一个绩效指标体系，来考核企业的整体绩效。企业的绩效指标体系是一组既独立又相互联系，并能够较完整地表达绩效考核目的和考核对象系统运行目标的考核指标。

1. 确定分层分类岗位职责，提炼出合适的绩效指标

选择考核指标的一个重要标准就是被考核者所承担的工作内容和绩效职责。在分层分类考核时，可以对比较复杂的职位进行一定的合并，并根据企业的规模和实际情况，确定管理幅度和管理层次。可从质量、数量、时间和成本四个维度进行绩效指标的提炼，如图6-3所示。

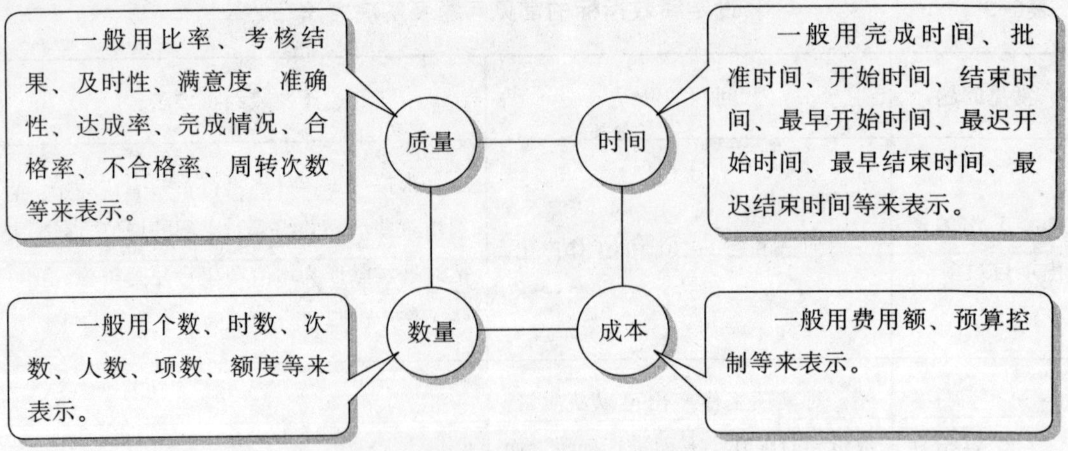

图6-3　四个维度的绩效指标的提炼

2. 进行指标有效性的测试，建立绩效指标库

根据绩效指标设计的基本原则，设计者可对提炼出来的绩效指标进行有效性测试，并对所设计的绩效考核指标进行论证，使其具有一定的科学依据。通过指标的有效性测试，剔除不合格的指标后，剩下的有效绩效指标就组成了该岗位的绩效指标库，作为最终入选绩效指标体系的备选指标。

3. 进行指标的重要性排序，确定不同指标的权重

根据20/80原则，将那些体现本岗位80%工作成果的重要指标排在前列，或者将体现考核周期内本岗位重点工作的指标排在前列。同时需要注意的是，在不同考核目的的考核体系中，同一指标的权重可能不相同；不同的工作岗位，考核指标的权重也会有所不同。

第二节　管理流程

流程01：月度绩效考核实施流程

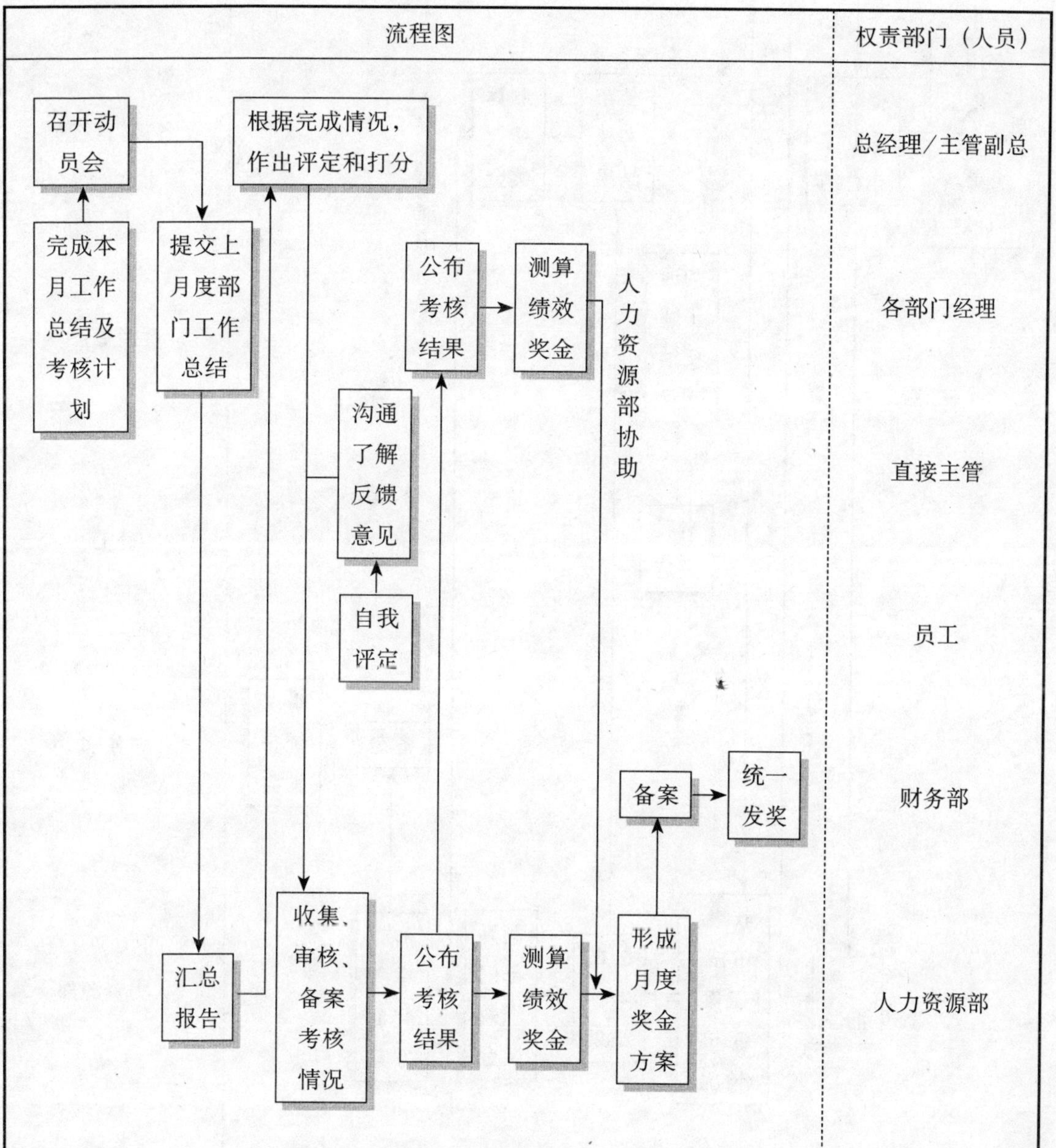

月度绩效考核实施流程图

流程02：季度绩效考核实施流程

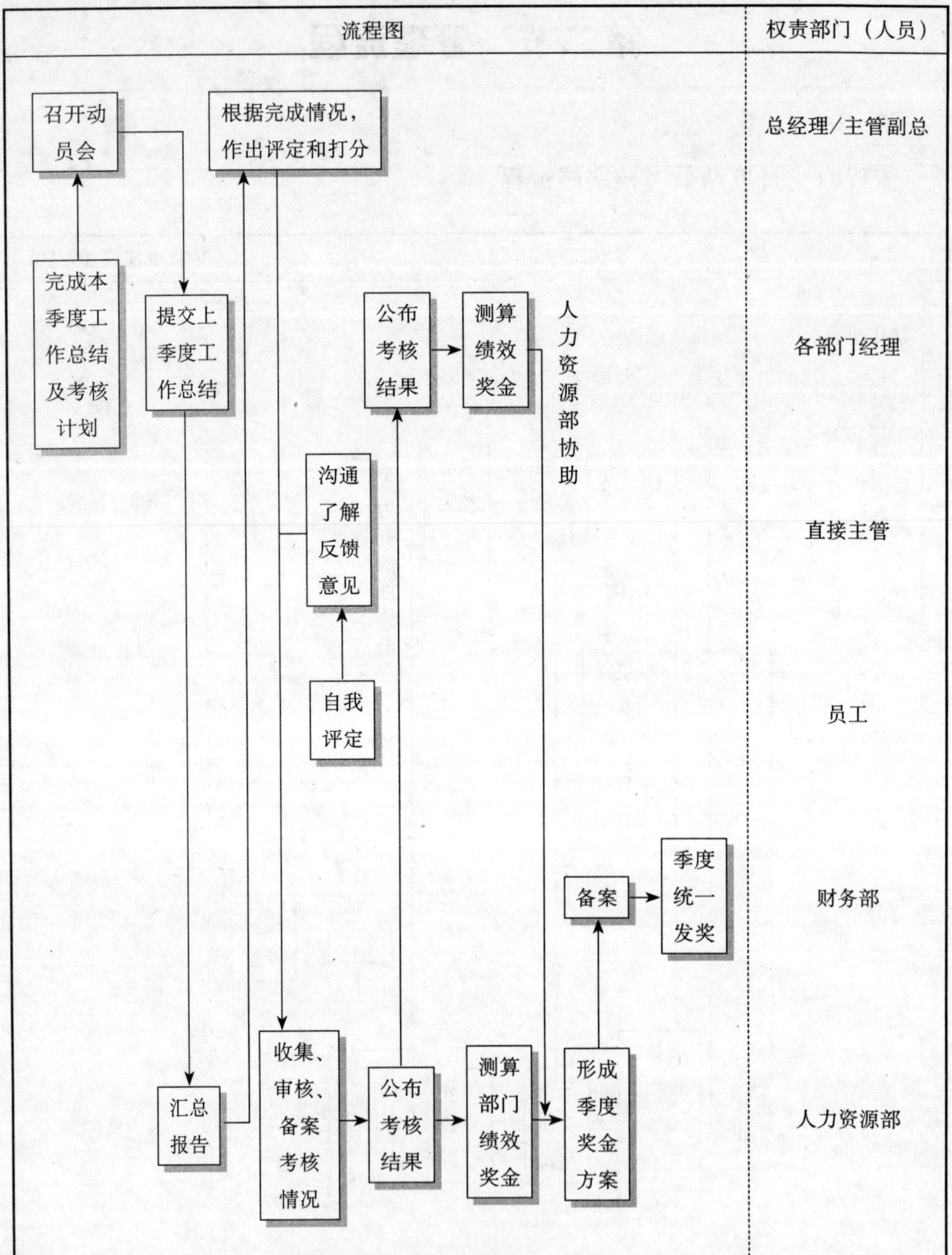

季度绩效考核实施流程图

流程03：年度绩效考核实施流程

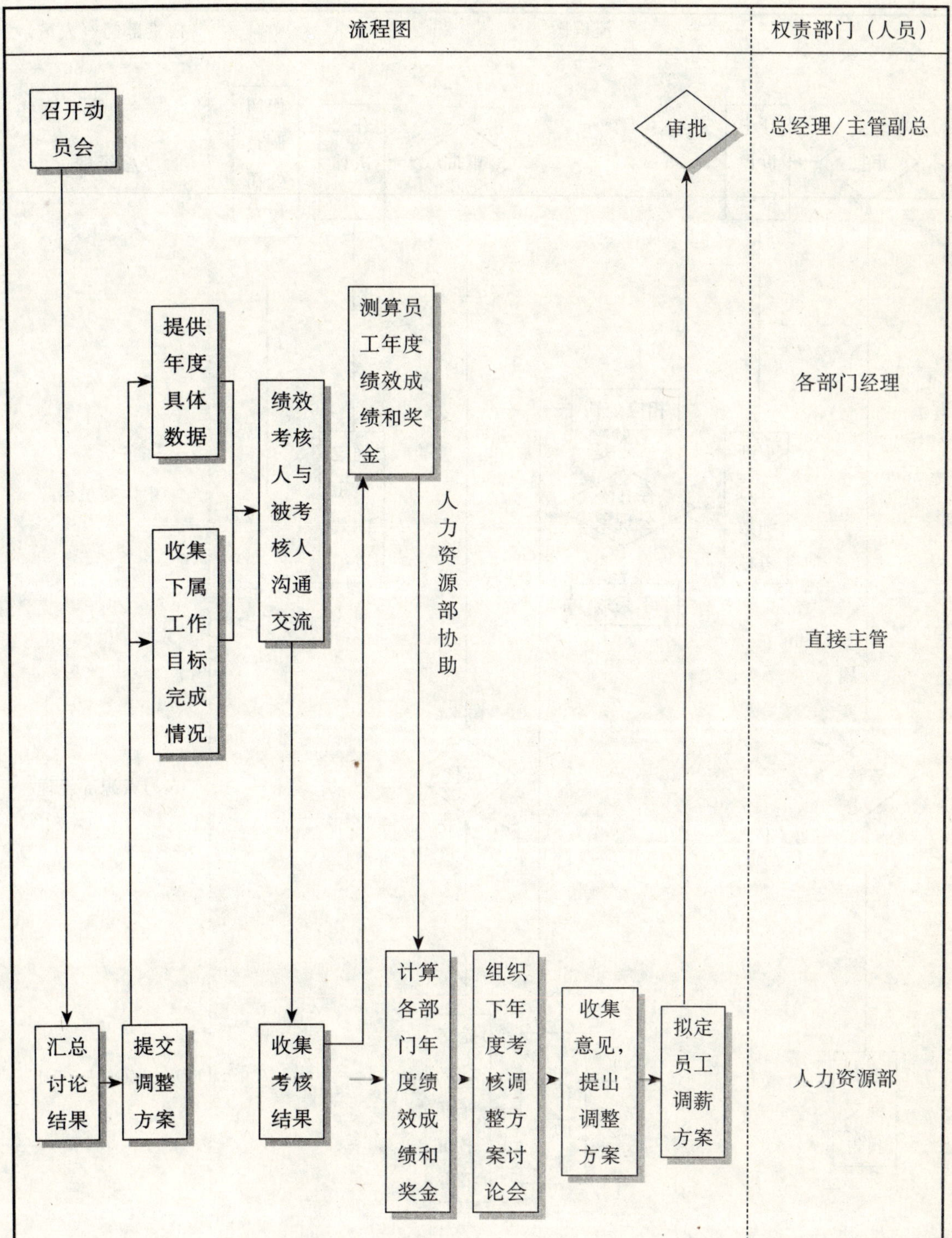

年度绩效考核实施流程图

流程04：绩效申诉处理流程

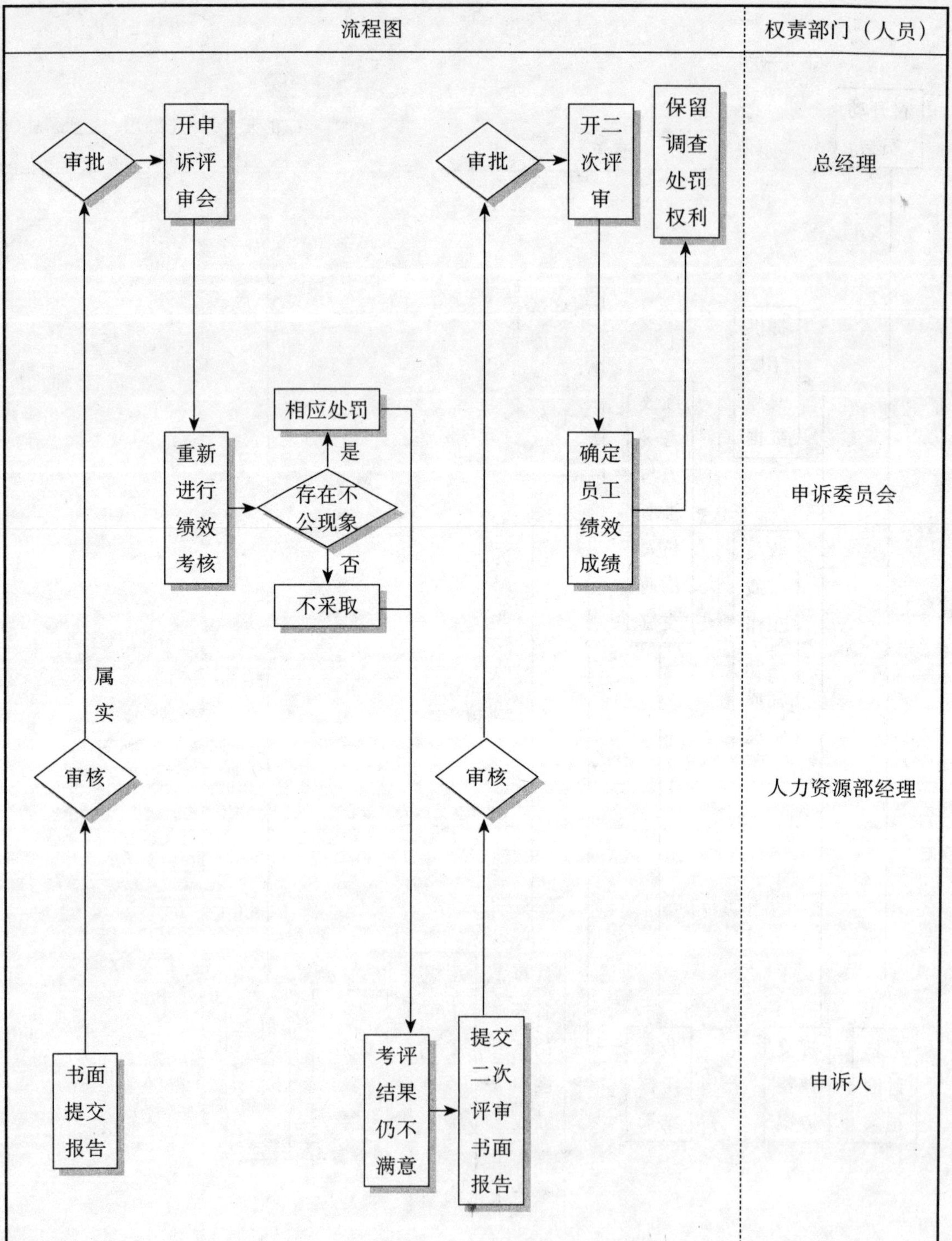

绩效申诉处理流程图

第三节　管理制度

制度01：员工激励管理制度

1．目的

为充分调动员工的工作积极性，树立其长期为公司服务的意识，增强公司凝聚力，以及对优秀人员的吸引力，特制定本制度。

2．适用范围

本制度适用于公司全体员工。

3．具体规定

（1）公司员工激励计划包括：年终奖、销售提成、晋升（级）、绩效奖、优秀员工奖、出国旅游奖励、项目完成奖、免费进修计划、退休金计划等。

（2）本制度为指导性制度，具体实施依据具体的单项管理办法，但需在本制度原则下执行。

4．激励计划

4.1　年终奖

在完成年度目标的情况下，公司根据当年效益发放奖金，但对于当年12月1日前离职的人员公司不发放该项奖金。

4.2 优秀员工奖

公司鼓励并表彰员工为公司服务尽责、尽力的行为，每年12月底按一定比例评选公司优秀员工，并颁发荣誉证书和××元奖金，员工参选优秀员工需同时具备以下条件：

4.2.1 必须在当年1月1日前进入公司，即服务年限满1年。

4.2.2 绩效考核有10个月以上被评为A等。

4.3 项目完成奖

对于项目部人员和其他部门参与该项目的员工，在该项目按质、按量、按时完成的情况下，公司按一定标准给相关人员发放奖金。

4.4 进修计划

对于服务年限满2年以上的公司员工，其在在职第三年后因获得学历、学位、职称所发生的学费、考试费均可到公司报销。

制度02：绩效考核制度

1.目的

为加强和提升员工绩效和本公司绩效，提高劳动生产率，增强企业活力，调动员工的工作积极性，制定此考核制度。

2.适用范围

本制度适用于公司所有员工，包括试用期内的员工和临时工。

3.具体内容

3.1 考核方法

3.1.1 对部门经理以上人员的考核，采取自我述职报告和上级主管考核综合评判的方法，每半年考核一次，并以此为基础给出年度综合评判。

3.1.2 对外地办事处经理和一般管理人员的考核，采取自我述职报告和上级主管考核综合评判的方法，每个季度考核一次，并以此为基础给出年度综合评判。

3.1.3 自我述职报告和上级考核在对薪资待遇的影响方面应有如下体现：

3.1.3.1年 度综合评判为“A”者，在下一年将得到10%工资（不包括工龄工资）的增长。

3.1.3.2 年度综合评判为“B”者，在下一年将得到5%工资（不包括工龄工资）的增长。

3.1.3.3 年度综合评判为“C”者，其薪资待遇保持不变。

3.1.3.4 综合评判两个为“D”者，行政及人事部将视情况给予其警告、降级或辞退等处理。

3.1.4 对操作层面员工的考核，采取月度工作表现考核的方法。

3.1.4.1 月度业绩考核为A者，本月工资增加3%。

3.1.4.2 月度业绩考核为B者，本月工资保持不变。

3.1.4.3 月度业绩考核为C者，本月工资减少5%。

3.1.4.4 月度业绩考核为D者，本月工资减少12%。

3.1.4.5 月度业绩考核为12个A者，即全年的月度考核都为A，其下一年工资（不包括工龄工资）增加5%。

3.1.4.6 月度业绩考核为10个A，2个B者，其下一年工资（不包括工龄工资）增加2%。

3.1.4.7 月度业绩考核有6个D者，公司可考虑辞退该员工。

3.1.5 操作层面员工的年度综合考核以其月度考核为基础，由直接上级给出综合判断。综合判断的结果将与该员工的年底奖金挂钩。具体情况如下：

3.1.5.1 月度业绩考核结果相应的分值为A：0.5；B：0；C：-0.3；D：-0.5。由12个月的累计分数确定对该员工的综合评判。

3.1.5.2 累计分数大于等于5分者，年度考核结果为“A”。

3.1.5.3 累计分数小于5分，大于等于3分者，年度考核结果为“B”。

3.1.5.4 累计分数小于3分，大于等于0分者，年度考核结果为“C”。

3.1.5.5 累计分数小于0分者，年度考核结果为“D”。

3.2 考核时间

经理人员考核时间安排在每年的6月5日至6月15日和1月5日至1月15日；外地办事处经理和一般管理人员的考核时间安排在每年4月、7月、10月和1月的中上旬；操作层面员工的考核时间为每月的14日至16日，若逢节假日，依次顺延。

3.3 绩效考核面谈

年度绩效考核结束后，应由直接上级对下属的绩效考核面谈。绩效考核面谈应在考核结束后一周内由上级主管安排，并报行政人事部备案。

第四节 管理表格

表格01：员工绩效评价表

表6-10 员工绩效评价表

姓名			部门			到职日期				
评价项目	评分标准									
	甲		乙		丙		丁		戊	
工作能力	理解力极强，判断力极强，处理事务的能力极强。	20	理解力强，判断力强，处理事务的能力强。	16	理解、判断力普通，处理事务常有错误。	12	理解较迟钝，对复杂事务的判断力不够。	8	理解迟钝，判断力不良，经常无法处理事务。	4
积极性	奉公守法，足为他人楷模。	10	热心工作，支持公司的政策。	8	对本职工作感兴趣，不在工作时间做私事。	6	工作无恒心，精神不振，不满现状。	4	态度傲慢，常唆使别人向公司提不合理要求。	2
责任感	任劳任怨，竭尽所能完成工作。	20	工作努力，能较好地完成分内工作。	16	有责任心，能自觉完成工作。	12	交付工作常需督促方能完成。	8	敷衍，无责任心，粗心大意。	4
团队精神	与人协调无间，为工作顺利完成尽最大努力。	20	爱护团体，常协助别人。	16	肯应别人要求提供帮助。	12	仅在必要与人协调时才与人合作。	8	精神散漫，不肯与人合作。	4
勤惰	不浪费时间，不畏劳苦，抢先完成工作。	40	守时守规，不偷懒，勤奋工作。	24	虽少迟到早退，但上班后常不主动到达工作岗位。	18	借故逃避繁重工作，不坚守工作岗位。	12	时常迟到、早退，工作不努力，时常远离工作岗位。	6

续表

奖惩记录		评价得分	
		奖惩增减分	
		考绩	

表格02：普通员工年度绩效评价表

表6-11　　普通员工年度绩效评价表

姓名			职务		评价人	
事业部			评价区间	年　月　至　年　月		
评分项目 \ 评价尺度及分数			优秀（10分）　良好（8分）　一般（6分）　较差（4分）　极差（2分）	评分	本栏平均	权重系数
工作业绩	1	工作素质	仅考虑工作的品质，与期望值比较，工作过程、结果的符合程度（准确性、反复率等）。			4
	2	工作量	仅考虑完成工作数量。职责内工作、上级交办工作及自主性工作完成的总量。			
	3	工作速度	仅考虑工作速度，完成工作的迅速性、时效性，有无浪费时间或拖拉现象。			
	4	工作达成度	与年度目标或与期望值比较，工作达成与目标或标准的差距，同时应考虑工作的客观难度。			
工作能力	5	计划性	工作计划程度，对工作（内容、时间、数量、程序）安排分配的合理性、有效性。			3
	6	应变力	针对客观变化，采取措施（行动）的主动性、有效性及工作中对上级的依赖程度。			
	7	改善创新	问题意识强否，为有效工作，在改进工作方面的主动性及效果。			
	8	职务技能	对所担任职务相关知识的掌握、运用，工作的熟练程度。			
	9	发展潜力	是否具有学识、涵养，可塑程度。			
	10	周全缜密	工作认真细致及深入程度，考虑问题的全面性、遗漏率。			

续表

评价尺度及分数 评分项目			优秀（10分） 良好（8分） 一般（6分） 较差（4分） 极差（2分）	评分	本栏平均	权重系数
工作态度	11	合作性	人际关系，团队精神及与他人（部门）工作配合情况。			3
	12	责任感	是否严格要求自己，遵守制度纪律情况。			
	13	工作态度	工作自觉性、积极性；对工作的投入程度，进取精神、勤奋程度、责任心等。			
	14	执行力	对上级指示、决议、计划的执行程度及执行中对下级检查跟进程度。			
	15	品德言行	是否做到廉洁、诚信，是否具有职业道德。			
评价得分	Ⅰ（1～4项平均分）×4+（5～10项平均分）×3+（11～15项平均分）×3=___分					
出勤及奖惩	Ⅱ出勤：迟到、早退___次×0.5+旷工___天×2+事假___天×0.4+病假___天×0.2=_____分					
	Ⅲ处罚：警告___次×1+小过___次×3+大过____次×9=____分					
	Ⅳ奖励：表扬___次×1+小功___次×3+大功____次×9=____分					
总分	Ⅰ_____分－Ⅱ_____分－Ⅲ_____分+Ⅳ_____分=_____分					
评价等级	□A．90分以上 □B．70～89分 □C．40～69分 □D．40分以下					
评价者意见						

高两级管理者评价： 高一级管理者评价：

评价者、管理者签字：

表格03：销售部门员工绩效评价表

表6-12 销售部门员工绩效评价表

姓名			职务（称）		评价区间			
分类	评价内容			满分	1次	2次	调整	决定
工作态度	1	细心地完成任务						
	2	做事敏捷、效率高						

续表

分类		评价内容	满分	1次	2次	调整	决定
工作态度	3	具备商品知识，能应付顾客的需求	5				
	4	不倦怠，且正确地向上级报告	5				
基础能力	5	精通职务内容，具备处理事务的能力	5				
	6	掌握职务上的要点	5				
	7	严守报告、联络、协商的规则	5				
	8	在既定的时间内完成工作	5				
业务熟练程度	9	能掌握工作的前提，并有效地进行	5				
	10	能随机应变	10				
	11	有价值概念，且能创造新的价值	5				
	12	善于与顾客沟通，且说服力强	5				
责任感	13	树立目标，并朝目标前进	5				
	14	有信念，并能坚持	10				
	15	有开拓新业务的信心	10				
	16	预测过失的可能性，并想出预防的对策	5				
协调性	17	做事冷静，绝不感情用事	5				
	18	与他人协调的同时，也朝自己的目标前进	5				
	19	在工作上乐于帮助同事	10				
	20	尽心尽力地服从与自己意见相左的决定	10				
	21	有卓越的沟通与说服能力，且不树敌	10				
自我启发	22	有进取心、决断力	10				
	23	积极地革新、改革	5				
	24	即使是自己分外的事，也能提出提案	10				
	25	热衷于吸收新信息或新知识	10				
	26	根据长期规划制定目标或计划，并付诸实行	10				
评价分数合计			180				

表格04：管理人员绩效评价表

表6-13　　管理人员绩效评价表

姓名：　　部门：　　岗位：　　评价日期：

评价因素	对考核期间工作成绩的评价要点	评价尺度				
		优	良	中	可	差
工作态度	A．把工作放在第一位，努力工作。	14	12	10	8	6
	B．对新工作表现出积极态度。	14	12	10	8	6
	C．忠于职守，坚守岗位。	14	12	10	8	6
	D．对下属的过失勇于承担责任。	14	12	10	8	6
业务工作	A．正确理解工作指示和方针，制订适当的工作计划。	14	12	10	8	6
	B．按照下属的能力和个性合理分配工作。	14	12	10	8	6
	C．及时与有关部门进行必要的工作沟通。	14	12	10	8	6
	D．在工作中始终保持团队精神，顺利推动工作。	14	12	10	8	6
管理监督	A．在人事关系方面，下属没有不满或怨言。	14	12	10	8	6
	B．善于放手让下属去工作，鼓励他们乐于协作的精神。	14	12	10	8	6
	C．十分注意生产现场的安全卫生和整理整顿工作。	14	12	10	8	6
	D．妥善处理工作中的失败和临时追加的工作任务。	14	12	10	8	6
指导协调	A．经常注意保持提高下属的工作积极性。	14	12	10	8	6
	B．主动改善工作和提高效率。	14	12	10	8	6
	C．积极培训、辅导下属，提高他们的技能和素质。	14	12	10	8	6
	D．注意实施目标管理，使工作协调进行。	14	12	10	8	6
工作效果	A．正确认识工作意义，努力取得最好成绩。	14	12	10	8	6
	B．工作方法正确，时间和费用安排合理有效。	14	12	10	8	6
	C．工作业绩达到预期目标或计划要求。	14	12	10	8	6
	D．工作总结和汇报准确真实。	14	12	10	8	6

1．通过以上各项的评分，该员工的综合得分是：________分

2．该员工应处于的等级是：（选择其一）□A　□B　□C　□D

A．240分以上；B．240～200分；C．200～160分；D．160分以下。

3．评价者意见

____

评价者签字：

表格05：员工绩效反馈面谈记录表

表6-14　　员工绩效反馈面谈记录表

部门名称：　　　　面谈日期：　　年　　月　　日

姓名		部门		职位	
任职起算时间	评价区间：　年　　月至　　年　　月				
在工作中哪些方面较成功？					
在工作中有哪些需要改善的地方？					
是否需要接受一定的培训？					
你认为自己的工作在本部门和全公司中处于何种状况？					
你认为本部门工作表现最好、最差的是谁？					
你对本次绩效评价有什么意见？					
希望从公司得到怎样的帮助？					
下一步工作和绩效改进的方向是什么？					
备注					

表格06：相互评价表

表6-15　　相互评价表

项目＼计分者					平均分数
1．生活是否规律？					
2．情绪是否安定？					
3．是否讨厌推销工作？					
4．服装、仪容是否整齐？					
5．耐力够不够？					
6．是否具有工作积极性？					
7．谈话是否粗俗？					
8．是否善于自我启发？					
9．能否遵守时间？					
10．是否遵守约定？					
11．对工作是否热心？					
12．目标意识高不高？					
13．是否努力达成目标？					
14．是否欠缺计划性？					
15．行动日数、行动时间是否恰当？					
16．行为举止是否合宜？					
17．是否有丰富的商品知识？					
18．是否具备与客户洽谈的技巧？					
19．与客户的关系是否良好？					
20．团队默契是否良好？					

注：分数分为五个层级，由高到低为“5、4、3、2、1”。请根据实际情况予以评分。

表格07：自我鉴定表

表6-16　　　　自我鉴定表

<table>
<tr><td>姓名</td><td></td><td>职称</td><td></td><td>部门</td><td colspan="3">室　部</td></tr>
<tr><td>入本公司日期</td><td>年　月　日
(年)</td><td>职位</td><td></td><td>学历</td><td colspan="3"></td></tr>
<tr><td>出生日期</td><td>年　月　日
(年)</td><td>工资</td><td>元</td><td>现任主要工作</td><td></td><td>任现工作时间</td><td>年　个月</td></tr>
<tr><td colspan="5">项目</td><td>理由建议</td><td>部门经理批示</td><td>总经理批示</td></tr>
<tr><td>目前工作</td><td colspan="4">1．你认为目前担任的工作对你是否合适？
(□适合　□不太适合　□不适合)
2．工作的“量”是否恰当？
(□太多　□适中　□很少)
3．在你执行工作时，你曾遇到什么困难？
________________</td><td></td><td></td><td></td></tr>
<tr><td>工作希望</td><td colspan="4">1．你认为你比较适合哪些方面的工作？
____
2．你不适合哪些方面的工作？
____
3．其中最适合你的工作是什么？
____
4．你对现在的工作（如异动等）有什么希望？
________________</td><td></td><td></td><td></td></tr>
<tr><td>薪资及职位</td><td colspan="4">1．你认为你的工作报酬是否合理？
(□合理　□不合理)
2．职位是否合理？　(□合理　□不合理)
3．职称是否合理？　(□合理　□不合理)
4．理由何在？
____
5．你的希望？
________________</td><td></td><td></td><td></td></tr>
</table>

续表

项目		理由建议	部门经理批示	总经理批示
教育培训	1．你是否参加过公司内部或外部举办的培训？ （□曾参加　□未曾参加） 2．参加过什么培训？ ____________________ 3．你希望接受什么项目的培训？ ____________________ 4．你对本企业培训的意见如何？ ____________________			
工作分配	1．你认为自己所在部门的工作分配是否合理？ （□合理　□不合理） 2．你认为在部门工作分配上什么地方亟待改进？			
工作目标	1．你的工作目标是什么？ ____________________ 2．这个目标你已做到什么程度？ ____________________			
特殊贡献	1．你认为本年度对公司较特殊贡献的工作是什么？ ____________________ 2．你做到什么程度？ ____________________			
工作构想	在你担任的工作中，你有什么更好的构想？请具体说明： ____________________			
其他	1．请代为安排和以下人员面谈。 ____________________ 2．本人希望或建议。 ____________________			

第五节　问题解答

问题01：如何判断公司是否具备了开展绩效管理的基础

判断公司是否具备了开展绩效管理的基础，可以从如下两个方面进行衡量：

1. 需求层面

（1）公司当前经营业绩是否能够达到决策领导的期望，如果公司整体业绩不佳，则需要绩效管理。

（2）公司内部对员工进行评估、奖惩、选拔、淘汰的依据是否充分而且可靠，如果这些工作缺乏客观的事实依据支撑，则需要绩效管理。

（3）员工的士气、工作积极性、工作效率是否达到了期望，否则需要绩效管理。

（4）员工在实际操作能力方面，是否达到了岗位要求，即使员工的理论水平不错，仍然需要绩效管理。

（5）如果公司需要保留真实的工作和业绩依据，避免与员工发生劳动纠纷时不能举证，也需要绩效管理。

2. 可行性层面

（1）公司的战略和业务策略是否达到相对稳定状态。

（2）公司基本业务流程和组织架构是否明确，如果难以区分跨部门职能的职责分工，难以理清跨部门业务的协作规则，从而导致各个岗位工作本身混乱，在这个情况下难以开展绩效管理。

（3）典型岗位设计是否明确，包括汇报关系、岗位职责、任职资格、工作基本规范，这是开展绩效管理最直接的基础条件，工作本身不清晰，绩效管理便无法开展。

（4）公司的管理层，尤其是高层领导，是否有基本正确的绩效管理理念和技能，如果高层管理者没有基本的理念和技能，就不要正式大规模地推行绩效管理。

问题02：第一次推行绩效管理，需要做好哪些准备工作

（1）判断是否具备基础条件，如果基础条件不具备，首先把基础条件做好。

（2）一定要得到公司最高领导者的充分认同和支持，并获得最高领导者的亲自参与和

遵守绩效制度的承诺。

(3) 做好充分的宣传工作，尤其是中高层管理者，宣传重点不是考核，而是如何改进绩效的管理方法。

(4) 设计方案前要事先充分了解业务细节，如果方案设计者不了解业务，则很难设计出合理完善的绩效方案。

(5) 方案的设计要简单明了，不求完美和详尽，但一定要确保执行起来比较简单，不给直线经理添麻烦。

(6) 首先了解一些相似案例，以获得直观感受，然后对可能出现的障碍制定相应对策。

(7) 考虑绩效管理和其他管理系统是否有冲突或对接，把解决冲突或对接的方法准备好，进行辅导。

问题03：对改革以前的绩效考核政策，需要做什么

(1) 找出现有政策的不足之处进行分析，尤其是属于绩效管理外部的原因，首先把外部原因清除，然后再推行新的绩效政策。

(2) 分析改革的受益者、阻挠者、观望者以及各自的利益得失，制定出针对性的应对措施，然后再行动。

(3) 在宣传中，把现有政策的不足充分放大，并且要充分放大各直线经理的需求，以获得同事的支持。

(4) 获得公司最高领导的认可、决心、参与和支持，否则不要轻易进行全面变革。

(5) 可以先找试点部门、试点人员，逐步扩大改革范围，避免一时获得过多的冲击。

(6) 事先想好让改革尽快见效的办法，哪怕是比较细微的效果，不要使改革效果在较长的时间后才显现出来。

问题04：如何应对企业刚开始实行绩效考核时整体出现的高分或低分现象

整体出现高分，会导致绩效考核流于形式；整体低分则会造成全体员工对绩效考核不满，产生抵触情绪。

(1) 检查考核指标的设置是否太简单或太难，导致所有员工都非常容易达成或无法完成。

(2) 查看指标量化是否清晰，如果指标量化不够清晰，会导致为员工评分时很难计算得分。

(3) 指标选取数量，一般情况下基层员工指标选择不宜过多，层级越高选取指标越

多，一般基层在3～7个，中层7～11个，高层11～14个。

(4) 对员工进行心态培训，让员工认识绩效考核是为了激发员工潜能、促进员工成长，从而激发员工挑战业绩的极限。

(5) 考核试运行一个阶段（一般为两个月，企业可以根据考核效果对指标进行调整），试运行期间考核业绩不与工资挂钩，当考核常态化后再正式施行绩效考核。

问题05：考核指标由谁来设定

一般情况下，绩效考核指标是由上级对直接下级进行设置，而不是由人力资源部或上上级进行设定。由于人力资源部或上上级对各部门员工工作界定有一定难度，容易造成考核指标、评分量化不合理。

问题06：考核是否偏重惩罚

很多企业的考核是以惩罚为导向的，以扣分、罚款为主，很少通过绩效来奖励员工，所以员工工资在考核后不是增加，而是一直在减少，这就导致员工工作越多犯错越多，结果工资越少，从而降低工作积极性。员工为了不犯错，尽量挑错少的工作做，可做可不做的工作而不去做，从而导致工作效率降低。

绩效考核包括两个方面：奖励与惩罚。奖励是指对绩效优秀的员工实行奖励，增加工资，以此作为动力让员工努力工作。惩罚是指对绩效不合格的员工实行适当惩罚，扣减工资，以罚作为鞭策员工提升绩效的手段。企业应该将奖罚相结合，使奖罚之间有很好的对应性。

问题07：如何解决部门内的目标平移

目标平移是指主管对交予的部门目标，没有按照因果关系进行分解，而是按照人头进行了简单分配。如公司考核研发部门的“项目完成率”，如果发生目标平移现象则会表现为：主管不对指标进行分解，而是按照人头将研发部门“项目完成率”指标分配为“员工甲的项目完成率”“乙的项目完成率”“丙的项目完成率”这三项指标。

针对部门主管实行的目标平移现象，可以采取对策为：首先选择指标，然后分解指标。选择指标时，要考虑到指标资源是有限的，所以考核并不是考核本职工作，而是考核本职工作中难度较大、对提高绩效有关键意义的指标。也就是说，员工一贯完成得很好的工作是不用考核的。

问题08：如何从众多方法和工具中选择最佳的方案

（1）针对每一种备选绩效管理工具，都要评估分析出在本企业应用的优点和不足、前提条件和配套措施，然后进行客观地比较。

（2）每一种典型的绩效管理工具，在本企业都可以进行个性化的再设计，没有哪一个管理工具可以照搬。

（3）多个绩效管理工具往往需要搭配应用，而不拘泥于单独的绩效管理工具。

（4）衡量某一个绩效管理工具是否适合，主要从该工具是否在同行企业内有成功案例、直线经理是否容易掌握、公司当前是否具备应用该工具的基础条件、执行起来是否复杂、能否解决当前的关键绩效问题五个角度予以衡量。

（5）把几种工具在直线经理队伍中进行一次培训辅导，看看直线经理的反应和倾向，此判断如何选择工具，因为直线经理是绩效管理的关键角色，其倾向性直接预测了未来执行的情况。

问题09：如何判断一个绩效政策是否符合实际

（1）是否得到公司高层领导的认可和重视，尤其是高层领导对亲自参与和遵守政策的承诺。

（2）是否得到直线部门的支持和认同，尤其是直线经理，否则只能说明绩效政策不符合实际。

（3）是否能够在未来两年内基本保持不变，而且能够持续符合企业实际。绩效管理政策应当具有一定的延续性。一般来说，至少要在1年周期内不发生大的变动，方能使员工安心工作。

（4）操作起来是否简明扼要、简单朴素，而不是需要大量文案工作，否则说明绩效政策只是一种形式而已，不会产生实效。

（5）是否可以改善公司的突出问题、提升公司业绩。

问题10：如何能够得到直线经理的理解、支持并执行

（1）需要了解直线部门的业务，针对业务特征和管理架构设计绩效政策，确保政策符合实际。

（2）方案出台之前的沟通非常重要，既包括对直线经理意见听取、绩效管理概念和技能的培训，也包括针对具体操作案例的剖析、对实际操作中问题的现场辅导，使直线经理同意“方案符合实际、简单、有效、易掌握”。

(3) 引导直线经理关注绩效管理和提升，避免过多关注绩效考核和奖惩，通过注意力的转移，推动绩效结果的提升，从而化解考核中的矛盾，减少直线经理推行绩效管理的顾虑和困难。

(4) 在实际执行中，人力资源部要扮演内部顾问的角色，及时为直线经理提供知识和方法的辅导支持，切忌代替直线经理操作具体的工作。

(5) 各个部门内部的绩效管理细则和衡量指标，在符合公司政策的基础上，应当允许个性化的细化设计，而且应首先由业务部门拟定本部门实施细则，人力资源部不可代劳，否则，会受到抵制。

(6) 执行过程中，应当给予直线经理充分的管理权限，包括业绩目标、工作过程管理、绩效评估与反馈，公司领导和人力资源部门只需要把握重点和整体，不可干涉其下属员工的单个评估工作，要做到抓大放小。

问题11：如何避免绩效考核流于形式，不产生实际成效

(1) 企业高层领导应重视和遵守绩效政策，如果高层领导不遵守绩效政策（尤其是绩效流程），那么绩效政策在基层中就得不到重视和执行，往往导致流于形式。

(2) 绩效政策应简单易操作，不应当要求大量文案工作来支撑，从而引导简易的作风。

(3) 绩效评估的结果要和奖惩直接挂钩，包括薪资、培训、晋升和职业发展，让绩效评估后果直接影响责任人的个人得失，否则将得不到重视。

(4) 绩效评估标准要尽量客观、避免人为主观随意的评估现象，可以考虑在公司内部或一个部门内，严格控制考核结果的分布，把优秀和表现欠佳的员工进行区分，避免平均主义。

(5) 绩效目标设定要合情合理，既要避免目标过高，也要避免把基本的工作规范当作绩效目标，而导致目标设定过低。

问题12：如何避免陷入纯粹绩效考核的怪圈

(1) 将绩效管理方案的设计和执行重点放在绩效提丬上，对考核的精确性、全面性和公平性不要做过高要求，避免员工因为对绩效考核过度敏感而导致注意力集中在考核上。

(2) 不要强调考核工作，可以定位为绩效提升，在政策、工作文件、沟通培训的措辞上，可以尽量避免考核用词，而多用其他绩效提升色彩较浓的用语。

(3) 帮助直线经理和员工提升工作方法和绩效管理技能，及时帮助解决绩效管理中的实际问题。

（4）对业务部门的监督重点放在过程管理的环节上，尤其是上下级之间的沟通，通过帮助性指导和监督，引导直线经理关注沟通和过程管理，从而避免只关注结果出现后的考核工作。

问题13：如何避免公司整体发展很差，但大部分员工绩效结果都很好的现象

（1）公司整体目标必须以发展战略为导向，通常可以借鉴平衡计分卡思路，从财务、客户、流程和学习创新四个维度理解并分解公司战略，从而确定公司整体绩效指标。

（2）根据公司整体绩效指标，分析公司关键流程，各个部门明确自己在关键流程中的作用。分析实现公司绩效指标的关键策略，明确实现关键策略的评估指标，从而确定部门的绩效指标。

（3）对基层员工进行绩效指标时，需要将部门指标逐级分解，并结合员工岗位职责和工作重点，共同确定员工绩效指标。从而以员工绩效指标的实现来保证部门绩效指标的完成，从而实现公司整体目标。

问题14：如何避免业绩越好的员工，每年的目标值越高

应当鼓励业绩好的员工再接再厉，而不能鞭打快牛，最好的方法是：设置更高的挑战目标时，同时加大激励力度，如更大的区域范围、更大的权限、更高的报酬、承担新的任务，而不是层层加码。

问题15：如何避免绩效沟通时，部门经理评价员工缺乏有效的信息

一般来说，要保证在绩效沟通时有良好的信息支持，至少需要做好三个方面的工作。

（1）保持日常沟通，掌握员工的工作进展。要掌握员工工作情况的事实依据，最基本的信息来自于员工每天的实际工作。

（2）控制好绩效沟通的频率。在日常沟通的基础上，部门经理应合理控制绩效沟通的频率，即使日常沟通本身做到位，一旦正式沟通的频率低、周期长，那么绩效沟通的及时性、针对性就会受到影响。

时间一长，原先掌握的事实依据就会显得不再有时效性，员工对其体会也不会那么深刻。周期长了，绩效沟通所涉及的信息也多，难以聚焦，沟通的针对性就会降低。一般而言，以一个季度为一个正式绩效评估周期时，一个月至少应该有一次绩效沟通。

（3）做好特殊事项的记录。包括期间发生的特别出色或者特别不良的事情。这些特别

的事项，往往最能反映员工的工作状态和工作成效。书面记录方式以及信息详细程度等，可以根据公司的管理风格和工作氛围进行灵活处理。

问题16：如何避免部门偏袒员工绩效结果的情况

对于各个部门偏袒部门员工绩效结果的情况，通常可以从三个方面来考虑：

（1）提高绩效评估标准的客观性。对于定量指标，清晰定义计算口径，使结果唯一化。对于定性指标，给出评估的判断标准，要求部门经理在解释员工绩效得分的时候给出具体事实说明。

（2）要求强制分布。对于人数较多的部门（一般超过20人以上），可以要求绩效结果等级强制按照正态分布。对于人数较少的部门，可以将几个部门合并后强制按照正态分布来评估人员，或者要求部门人员的绩效等级与部门的绩效结果相挂钩。如部门绩效等级为及格，则部门员工绩效等级原则上不允许评估为最高等级。

（3）将部门经理的绩效等级与评估的公平性相挂钩，如果因员工投诉、其他部门投诉等发现部门经理绩效评估有失公平，则将部门经理绩效等级下降一级。

问题17：绩效结果以哪种方式沟通最有效

绩效结果是对员工一段时期工作成果的正式评估，为了体现对员工工作的重视，同时对绩效结果进行进一步的分析，应该与员工面对面地沟通绩效结果。

面对面的绩效结果沟通过程，也是对员工优秀的表现进行鼓励，指出员工的缺点和不足，帮助员工一同来分析问题、提出改进建议的很好机会。同时还可对下一阶段的绩效目标和行动计划进行初步探讨。

绩效结果应该由绩效评估者直接与员工沟通，也就是由直线经理与员工沟通。直线经理最了解员工的绩效表现，绩效沟通更有针对性，直线经理也是日常人力资源管理的第一负责人。直线经理与员工沟通绩效结果，是直线经理向下属提供工作指导的一种有效方式。

问题18：部门经理害怕面对面的绩效结果沟通，应该怎么办

部门经理害怕绩效结果沟通通常有以下两个方面的原因：

（1）缺乏足够的事实依据评估绩效结果，无法说服员工接受绩效结果。由此，部门经理应加强对员工的日常关注和沟通，至少要每周一次、及时了解员工的工作情况和工作表现。

可以通过工作计划和工作小结，及时了解员工的业绩表现，以增加日常交流辅导。既有事实依据可以公正评估员工绩效结果，又可让员工在绩效结果出来之前对自己的表现有合理预期。

（2）没有掌握绩效沟通的技巧，绩效沟通达不到预期效果。人力资源部可以组织针对性培训，提高部门经理的绩效沟通技巧，提供相应沟通表单来改善部门经理的沟通效率和效果。

针对具体事例开展辅导；帮助树立信心；示范和共同协商；辅导要有侧重点；倾听被辅导对象的反馈；不断总结，提高；注重思维、方法和能力的培养，常可起到事半功倍的效果，而不是为了解决某一具体问题。

问题19：公开奖励了最好的员工，却使优秀员工脱离了群众，怎么办

（1）绩效结果不能简单排序，因为绩效是对人的评估，很难做到精确。绩效结果应该分类，通常而言可以分为四类或者五类，在总体上保证正态分布。

（2）在保证对优秀员工的激励之外，还要保证大多数员工的正常绩效薪酬。对绩效不合格的员工给予适当惩罚。不能在奖励优秀员工的同时，对其他大部分员工进行所谓的“惩罚”，这样容易引发大部分人对优秀员工的对立。

（3）在对优秀员工进行激励时，要从制度公开、流程公开、评估标准公开等多方面保证绩效评估的公平性，使大多数员工都能够认同绩效优秀员工的“优秀”。

问题20：绩效结果除了作为薪酬分配的依据外，还有什么作用

绩效管理的根本目的是提高组织和员工绩效能力，除了作为薪酬奖金分配依据之外，还有更多的作用：

（1）对于公司整体而言，可作为公司整体运营管理改善的基础。通过整体绩效管理，可以清楚公司的运营状况，及时了解发展战略实施过程中存在的问题，并通过修正策略，跟踪行动计划和绩效结果，从而实现发展目标。

（2）对于个人而言，可作为员工培训发展、职业规划的基础。建立持续的绩效档案，可以了解员工的长期绩效表现，可有针对性地开发培训计划，提高员工绩效能力，作为员工职业发展过程中选拔、轮岗、晋升参考依据。

第七章

员工薪酬与福利

内容提示 >>>

◇管理要点

◇管理流程

◇管理制度

◇管理表格

◇问题解答

第一节　管理要点

要点01：明确薪酬调查项目

对企业来讲，有价值的薪酬信息包括组织与工作信息、薪酬战略信息、薪酬水平信息及其他信息，如表7-1所示。

表7-1　　薪酬调查项目

<table>
<tr><th>序号</th><th>信息类别</th><th colspan="2">具体内容</th></tr>
<tr><td>1</td><td>组织与工作信息</td><td colspan="2">（1）企业或组织信息。组织信息一般包括财务信息、组织规模、性质和结构等，如营业额、产量、利润额、市场份额、员工人数等。
（2）基准岗位的岗位描述、任职者的个人特征和薪酬支付情况等。</td></tr>
<tr><td>2</td><td>薪酬战略信息</td><td colspan="2">（1）目标企业或组织的薪酬战略目标是控制成本，还是激励或吸引员工。
（2）目标企业或组织的薪酬政策类型，侧重薪酬水平政策，还是薪酬组合政策、薪酬结构政策或薪酬管理政策等。
（3）目标企业或组织的其他管理政策，包括加班、轮班、试用期、新员工的起薪等。</td></tr>
<tr><td rowspan="3">3</td><td rowspan="3">薪酬水平信息</td><td>基本薪酬信息</td><td>是薪酬调查的重点，企业需要全面掌握选定企业的基本薪酬支付、变动情况，不同岗位等级的薪酬差距以及同一等级内薪酬的幅度等。</td></tr>
<tr><td>可变薪酬信息</td><td>调查相关企业在奖金、短期激励、长期激励等薪酬方面的支付水平，特别是货币薪酬的水平。</td></tr>
<tr><td>福利薪酬信息</td><td>调查相关企业的福利项目构成、福利方案设计与实施、福利计划的改革及其对员工激励的功能等。</td></tr>
<tr><td rowspan="3">4</td><td rowspan="3">其他信息</td><td>薪酬等级结构</td><td>企业岗位和岗位等级结构的设计、薪酬等级差、最高等级与最低等级差等。</td></tr>
<tr><td>薪酬要素组合</td><td>基本薪酬与浮动薪酬的比例、货币薪酬与福利薪酬的比例、绩效薪酬的设计等。</td></tr>
<tr><td>薪酬管理方式</td><td>薪酬支付的时间、内部薪酬信息的保密程度、与员工的沟通方式、反馈渠道、员工满意度调查情况等。</td></tr>
</table>

要点02：薪酬调查渠道

1. 企业之间的相互调查

由于我国的薪酬调查系统和服务还没有完善，所以最可靠和最经济的薪酬调查渠道还是企业之间的相互调查。相关企业的人力资源部可以采取联合调查的形式，共享相互之间的薪酬信息。

这种相互调查是一种正式的调查，也是双方受益的调查。调查可以采取座谈会、问卷调查等多种形式。

2. 委托专业机构

现在，很多城市均有提供薪酬调查的管理顾问公司或人才服务公司。通过这些专业机构调查会减少人力资源部的工作量，省去了企业之间的协调费用，但需要向委托的专业机构支付一定的费用。

3. 从公开的信息中了解

有些企业在发布招聘广告时会写上薪酬待遇，调查人员稍加留意就可以了解到这些信息。另外，某些城市的人才交流部门也会定期发布一些岗位的薪酬参考信息，同一岗位的薪酬信息，一般分为高、中、低三档。

但由于它覆盖面广、薪酬范围大，所以对有些企业的借鉴意义不大。

4. 通过应聘者来了解

招聘时采用问卷调查及面谈期望薪酬等方式，可以对外部人力资源市场价格有大致了解：一般情况下，这种信息的准确度还是比较高的，因为大多数应聘者对行业内该岗位的薪酬水平是有了解的，同时也会非常慎重地提出薪酬要求。

如果企业经常因为薪酬原因不能招聘到最优秀的员工，那么说明企业提供的薪酬水平偏低。

5. 购买外部数据

企业人力资源部可以向专业薪酬服务机构购买有关薪酬数据。很多市场调查公司、咨询公司都有自己的薪酬数据库，薪酬数据库往往按区域、行业、岗位、时间编排，可以查询任意区域、任何行业、任何岗位有关薪酬数据以及变化趋势数据。

要点03：薪酬调查方法

1. 基准岗位比较法

基准岗位比较法又称主要岗位比较法，是通过对基准岗位的比较来确定薪酬调查结果的方法。企业能够通过把本组织中的岗位与调查结果相比较来进行薪酬调整。基准岗位选取的标准是：

（1）工作内容是大家熟知的，具有长期或相对的稳定性。

（2）从事该工作的人员数量较多。

（3）在企业被评价的工作中具有代表性。

（4）被劳动力市场广泛地用来确定工资水平。

2. 基准岗位转换法

企业可以利用自己使用的工作评价方案，对市场调查的基准岗位进行工作评价，确定基准岗位在本企业中的工作等级或者工作评价点数，然后根据基准岗位的市场薪酬水平确定本企业对照岗位的薪酬水平。

基准岗位比较法与基准岗位转换法是两种思路，前者是将对照岗位拿到市场中去寻找相应岗位的工资水平；而后者是将基准岗位拿到企业中去，并转换为相应的岗位工资水平。

3. 工作分类法

工作分类法的程序如图7-1所示。

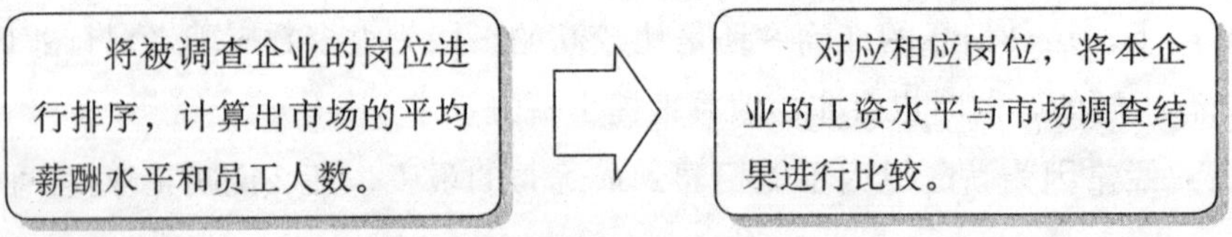

图7-1 工作分类法的程序

4. 点数比较法

点数比较法是按照岗位点数调查市场薪酬水平，并且将点数相同岗位的薪酬水平进行比较，然后得出同一点数岗位的最高、最低和平均薪酬水平。

点数法要求参与薪酬调查的企业采用同一套方案进行岗位评定，比较典型的是采用海氏工作评价法、翰威特工作评价点数、美世工作评价点数等。

点数比较法要求企业的薪酬调查更多地依赖于权威咨询公司的数据，而且在薪酬调查的过程中一定要考虑与工作评价方案相结合。

5. 两端定位法

随着技能/能力薪酬体系的广泛实践，基于技能/能力开展的薪酬调查成为热点，但是以往的薪酬多以岗位定薪。将两者有效结合的方法就是将岗位薪酬转化为技能薪酬的两端定位法。

首先确定市场上相关技能的基准岗位薪酬的最低值和最高值，作为技能薪酬的参照物；然后将最低薪酬作为非熟练技工的薪酬，将最高薪酬作为团队领导的薪酬，技术人员的薪酬可以根据技能水平取其中的任何一点。

要点04：工资发放管理

工资发放是指工资的具体发放办法，包括如何计发在制度工作时间内职工完成一定的工作量后应获得的报酬，或者如何支付在特殊情况下的工资等问题。

1. 工资发放的形式

我国工资发放的法律规章明确规定，工资应当以货币形式按月支付，不得以实物或有价证券代替货币支付。

2. 工资发放的时间

工资应当按月支付，是指按照用人单位与劳动者约定的日期支付工资。如遇节假日或休息日，则应提前在最近的工作日支付。工资至少每月支付一次，对于实行小时工资制和周工资制的人员，工资也可以按日或周发放。对完成一次性临时劳动或某项具体工作的劳动者，用人单位应按有关协议或合同规定在其完成劳动任务后即时支付工资。

3. 工资发放的对象

企业应将工资发放给员工本人。员工本人因故不能领取工资时，可由其亲属或委托人代替。

企业必须书面记录支付员工工资的数额、时间、领取者的姓名以及签字，并保存两年以上以备查。企业在支付工资时应向员工提供一份其个人的工资清单。

4. 参加社会活动、休假和停工期间的工资发放

员工在法定休假日和婚丧假期间以及依法参加社会活动期间，用人单位应当依法支付工资。

第二节 管理流程

流程01：薪酬方案审批流程

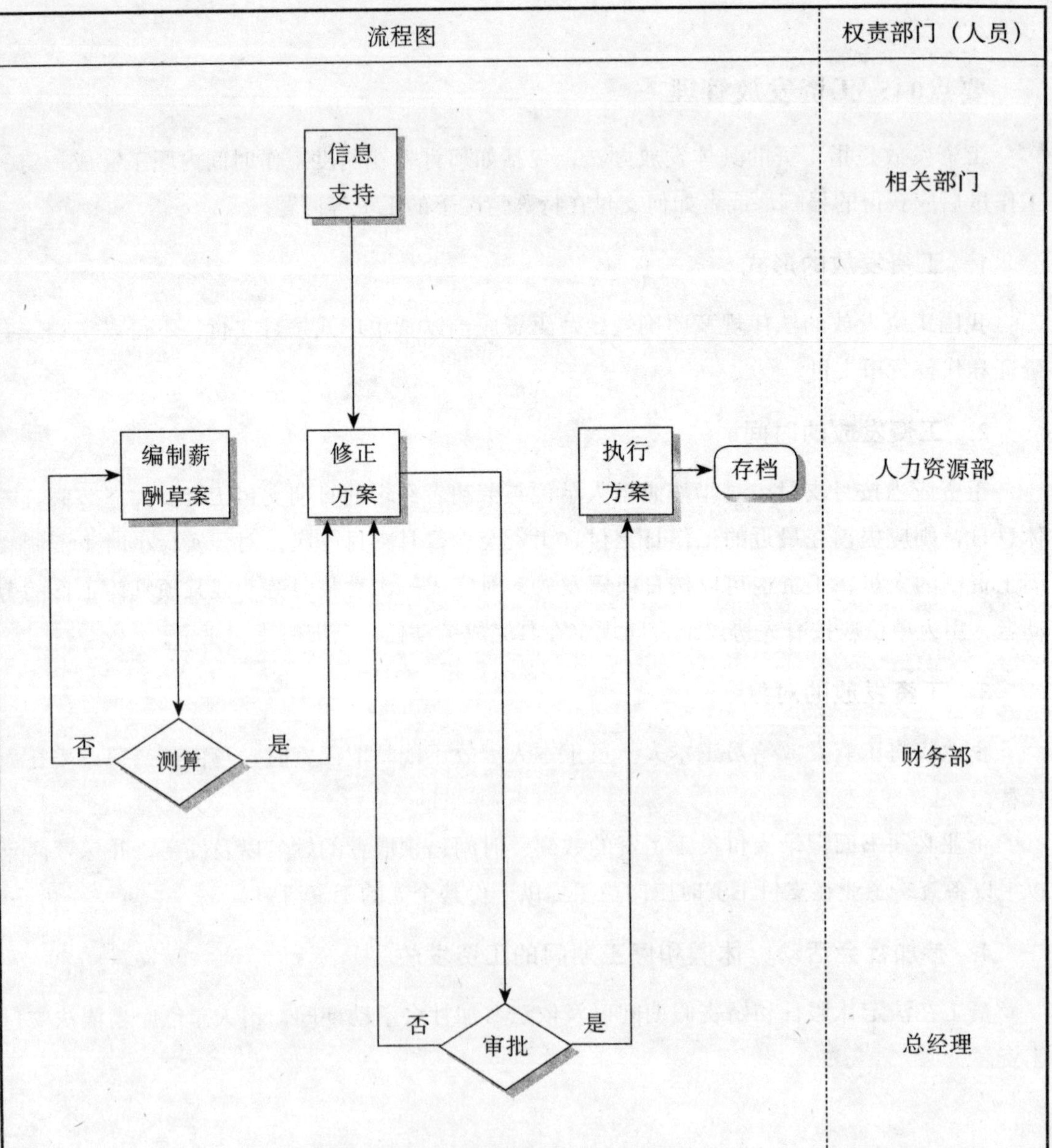

薪酬方案审批流程图

流程02：工资发放流程

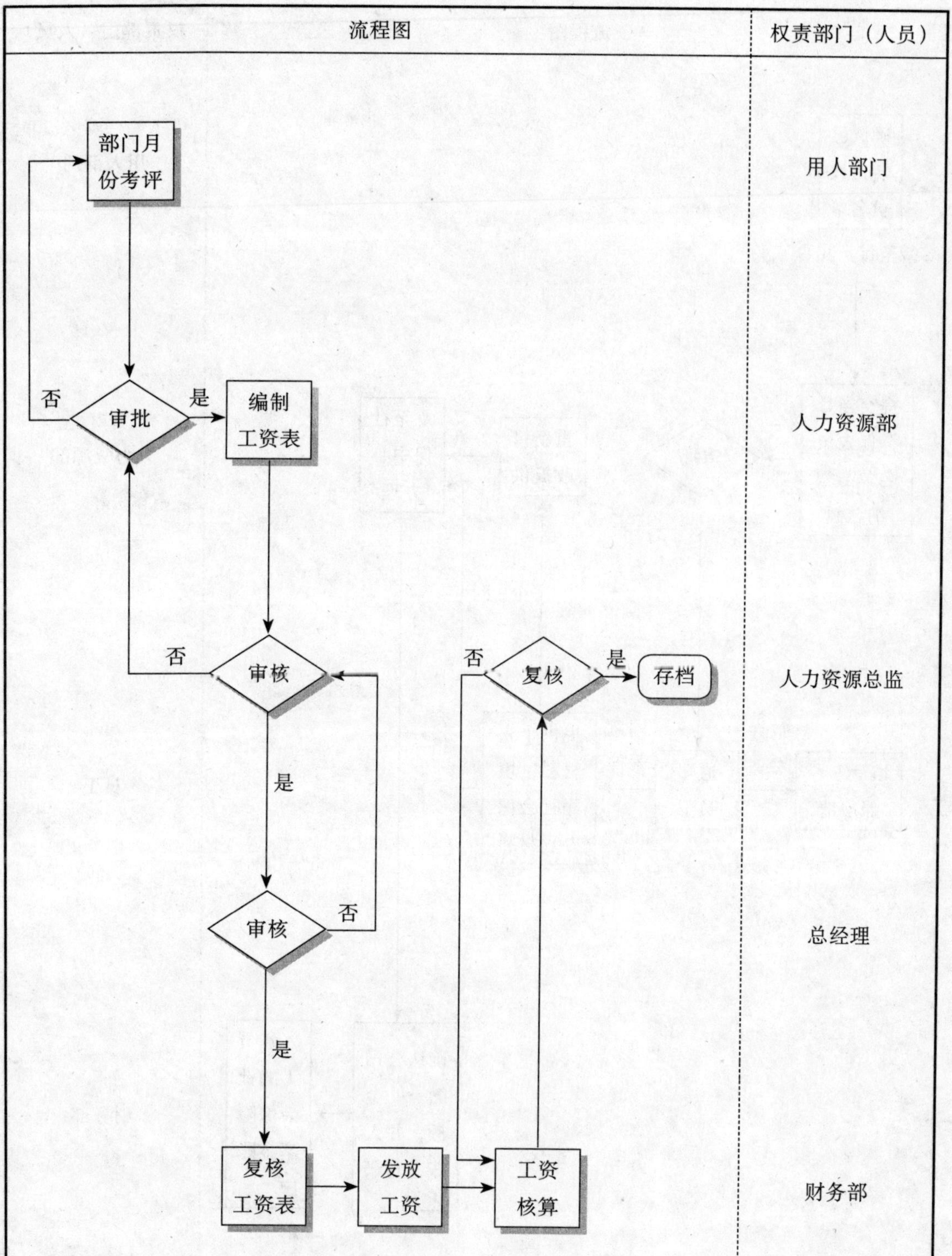

薪资调整流程图

流程03：社会保险参保流程

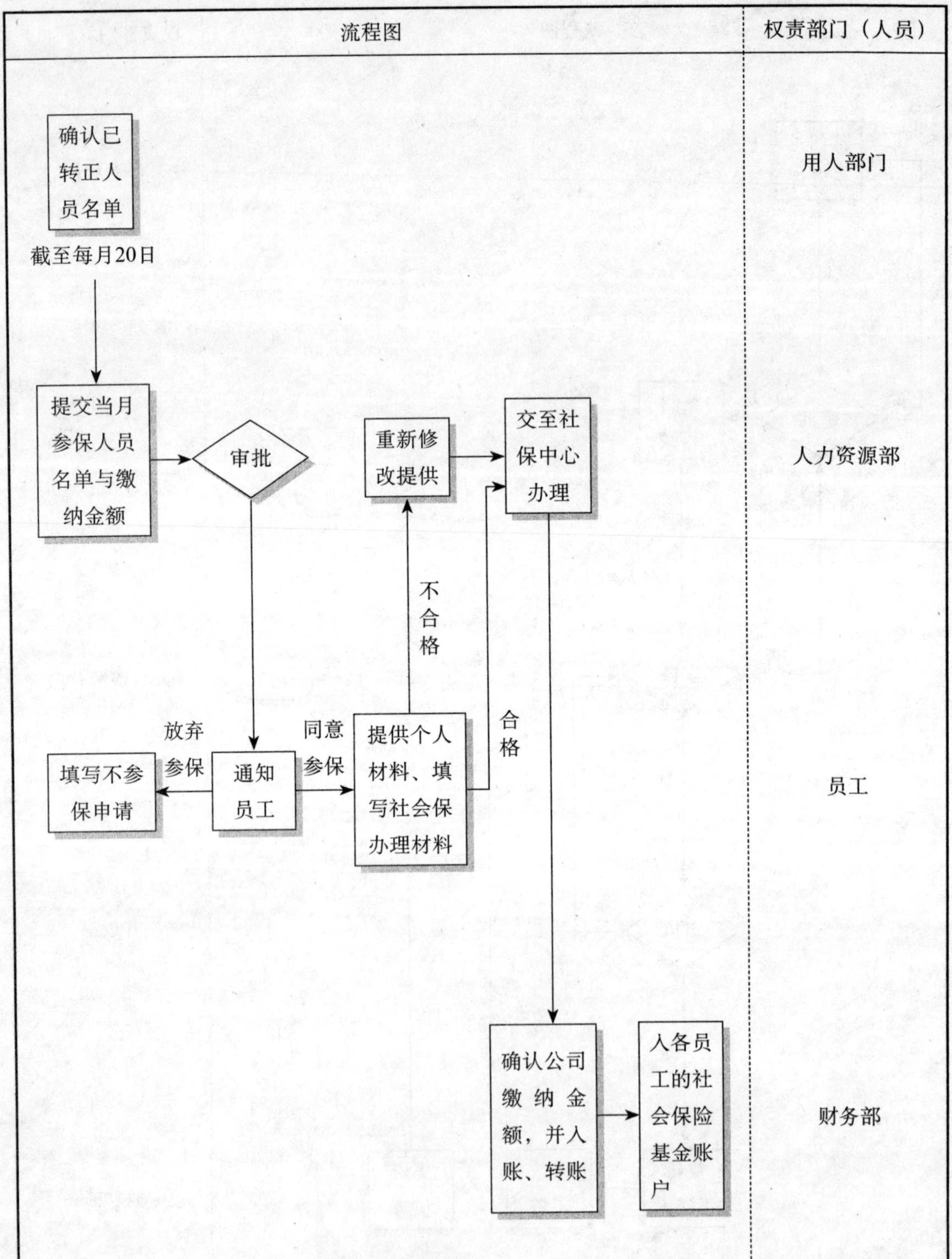

社会保险参保流程图

第三节　管理制度

制度01：薪酬福利制度

1．目的

为规范公司的薪酬发放，提升公司的整体管理水平，有效控制人力成本，依据《中华人民共和国劳动法》和《××市员工工资支付条例》及其他相关法规的规定，特制定本制度。

2．适用范围

适用于本公司薪酬福利的相关管理。

3．公司员工工资的构成部分

3.1 基本工资

员工月出勤天数达到21.75天，月工作时间达到174个小时，即可全额领取该项工资。所有员工（含试用期员工）的基本工资不低于所在地区现行的最低工资标准。

3.2 加班工资

特殊情况下公司可根据员工自愿，安排员工加班，加班费用按如下标准计算。

3.2.1 平时加班工资：按（员工基本工资÷174）×1.5×平时加班时数计算。

3.2.2 休息日加班工资：按（员工基本工资÷174）×2×休息日加班时数计算。

3.2.3 法定节假日加班工资：按（员工基本工资÷174）×3×休息日加班时数计算。

4．工资支付周期

公司的工资支付周期为一个月，即从每月的______号到次月____号，当月______号发放上月的工资，逢休息日提前到上个工作日。如遇有特殊情况可暂缓发放，但最多不得延迟超过5天。

5．工资支付表制作保存

公司人力资源部负责制作员工的工资支付表。工资支付表中应包括员工的姓名、计发时段、发放时间、正常工作时间、加班时间，基本工资、加班工资等应发项目以及代扣代缴项目、金额及工资账号等。公司员工工资支付表至少应保存两年。

6．工资支付

公司人力资源部在支付员工工资时应当向员工提供一份其本人的工资清单，并由员工签收。工资清单的内容应与工资支付表一致。员工对工资清单有异议的，可以向公司人力资源部提出，公司人力资源部应给予答复。

7．其他

（1）病、事假期间的工资按相关法律法规执行。

（2）公司按国家、省、市的相关法律法规规定为员工办理养老、医疗、工伤保险，员工不愿办理养老保险的应向公司提出书面申请。

（3）过年过节费、年终奖励、高温费等其他福利（公司可根据自己的实际情况自行规定）。

（4）本制度如与国家法律法规及有关行政部门的规定相抵触的，以国家法律法规及有关规定为准。

制度02：公司工资制度方案

1．目的

为了规范公司的工资管理，按照公司经营理念和管理模式，遵照国家有关劳动人力资源管理政策和公司其他有关规章制度，特制定本方案。

2．适用范围

适用于公司对全体工薪员工的工资进行管理的相关事宜。

3．原则

（1）按照各尽所能、按劳分配原则，坚持工资增长幅度不超过本公司经济效益增长幅度，职工平均实际收入增长幅度不超过本公司劳动生产率增长幅度的原则。

（2）结合公司的生产、经营、管理特点，建立起规范合理的工资分配制度。

（3）以员工岗位责任、劳动绩效、劳动态度、劳动技能等指标综合考核员工报酬，适当向经营风险大、责任重大、技术含量高、有定量工作指标的岗位倾斜。

（4）构造适当的工资档次分层，调动公司员工积极性的激励机制。

4．年薪制

4.1 适用范围

4.1.1 公司董事长、总经理。

4.1.2 下属法人企业总经理。

4.1.3 董事、副总经理是否适用，由董事会决定。

4.2 工资模式

公司经营者的工资应与其业绩挂钩，其工资与年经营利润成正比。

年薪=基薪+提成薪水（经营利润×提成比例）

4.2.1 基薪按月预发，根据年基薪额的1/12支付。

4.2.2 提成薪水在公司财务年度经营报表经审计后核算。

4.3 其他

4.3.1 实行年薪制的职员须支付抵押金。若经营业绩不良，则用抵押金充抵。

4.3.2 年薪制考核指标还可与资产增值幅度、技术改进情况、产品质量、环保、安全等指标挂钩，进行综合评价。

4.3.3 年薪制须由董事会专门作出实施细则。

5. 正式员工工资制

5.1 适用范围

公司签订正式劳动合同的所有员工。

5.2 工资模式

采用结构工资制。

员工工资=基础工资+岗位工资+工龄工资+奖金+津贴

5.2.1 基础工资。

参照当地职工平均生活水平、最低生活标准、生活费用价格指数和各类政策性补贴确定，在工资总额中占_____%（如40%～50%）。

5.2.2 岗位工资。

5.2.2.1 根据职务高低、岗位责任繁简轻重、工作条件确定。

5.2.2.2 公司岗位工资（如5类18级）的等级序列，见工资标准表，分别适用于公司高、中、初级员工，其在工资总额中占_____%（如20%～30%）。

5.2.3 工龄工资。

5.2.3.1 按员工为企业服务年限长短确定，鼓励员工长期、稳定地为企业工作。

5.2.3.2 工龄工资根据工龄长短，分段制定标准，区分社会工龄、公司工龄。

5.2.3.3 工龄工资标准见正式员工工资标准表。

5.2.4 奖金（效益工资）。

5.2.4.1 根据各部门工作任务、经营指标、员工职责履行状况、工作绩效考核结果确立。

5.2.4.2 绩效考评由人力资源部统一进行，与经营利润、销售额、特殊业绩、贡献相联系。

5.2.4.3 奖金在工资总额中占_____%（如30%）左右，也可上不封顶。

5.2.4.4 奖金考核标准见“工资标准表”。

5.2.4.5 奖金通过隐秘形式发放。

5.2.5 津贴。

5.2.5.1 津贴包括有交通津贴、伙食津贴、工种津贴、住房津贴、夜班津贴、加班补贴等。

5.2.5.2 各类津贴见公司补贴津贴标准。

5.3 关于岗位工资

5.3.1 岗位工资标准的确立、变更。公司岗位工资标准经董事会批准，根据公司经营状况变化，可以变更岗位工资标准。

5.3.2 员工岗位工资核定。员工根据聘用的岗位和级别，核定岗位工资等级，初步确定岗位在同类岗位的下限一级。经1年考核，再调整等级。

5.3.3 员工岗位工资变更。根据变岗变薪原则，晋升增薪，降级减薪。工资变更从岗位变动后的1个月起调整。

5.4 关于奖金

5.4.1 奖金的核定程序。

5.4.1.1 由财务部向人力资源部提供各部门、子公司、分公司完成利润的经济指标数据。

5.4.1.2 由人力资源部提供各部门员工的出勤和岗位职责履行情况记录。

5.4.1.3 人力资源部依据汇总资料，测算考核出各部门员工定量或定性的工作绩效，确定每个员工效益工资的计算数额。

5.4.1.4 考核结果和奖金计划经公司领导审批后，发放奖金。

5.4.2 奖金的发放，与岗位工资一同或分开发放。

5.5 关于工龄工资

5.5.1 员工1年内实际出勤不满半年的，不计当年工龄，不计发当年工龄工资。

5.5.2 试用期不计工龄工资，工龄计算从试用期满起算。

5.5 其他注意事项

5.5.1 各类假期依据公司请假管理办法，决定工资的扣除。

5.5.2 各类培训教育依据公司培训教育管理办法，决定工资的扣除。

5.5.3 员工加班、值班费用，按月统计，计入工资总额。

5.5.4 各类补贴、津贴依据公司各类补贴管理办法，计入工资总额。

5.5.5 被公司聘为中、高级的专业技术人员，岗位工资可向上浮动1～2级。

5.5.6 在工作中表现杰出、成绩卓著的特殊贡献者，因故能晋升职务的，可提高其工资待遇，晋升岗位工资等级。

6．非正式员工工资制

6.1 适用范围

订立非正式员工劳动合同的临时工、离退休返聘人员。

6.2 工资模式

简单等级工资制。

6.3 工资汇总

人力资源部需会同行政部、财务部对非正式员工的工作业绩、经营成果、出勤情况、各种假期、加班值班情况汇总，确定在其标准工资基础上的实发工资总额。

6.4 其他

非合同工享有的各种补贴、津贴一并在月工资中支付。

7. 附则

（1）公司每月支薪日为××日。

（2）公司派驻下属企业人员工资由本公司支付。

（3）公司短期借调人员工资由借用单位支付。

（4）公司实行每年13个月工资制，即年底发双月薪。

（5）以上工资均为含税工资，根据国家税法，由公司统一按个人所得税标准代扣代缴个人所得税。

制度03：适应期与试用期工资薪酬规定

1. 目的

为了规范对适应期与试用期员工的管理，特制定本规定。

2. 适用范围

本规定适用于新进入公司的所有员工。

3. 具体规定

（1）适应期期限为1～15天，是公司与员工双方适应阶段。试用期为30～90天。

（2）在7天之内，公司认为员工不能胜任所应聘岗位的工作或员工自动离开公司的，公司将不支付任何工资。

（3）若在8～15天之内，若公司认为员工不能胜任所应聘工作，可按照以下标准支付工资：员工级××元/天、经理级××元/天、高层××元/天（以上薪资核算均按实际出勤天数计算）。

（4）员工经过15天的适应期之后进入试用期，试用期为30～90天。试用期内，可提出转正申请，并交公司人力资源部审批，总经理批准。

（5）应聘人员进入公司试用期，在试用期间，当月出勤日不足整月的，按25天为基数计算工资；若当月工作日达到公司规定的全勤工作日，按全勤发放工资。

（6）在试用期间，按核定薪资的80%发放工资。转正后，按核定薪资及公司绩效考核方案执行。

4．附则

本规定自××××年××月××日起执行，解释权归公司所有。

制度04：员工福利制度

1．目的

为了增强公司员工的归属感，提高员工的满意度以及对公司的认同度，特制定本制度。

2．适用范围

本制度适用于公司所有在职员工。

3．法定福利

3.1 社会保险

3.1.3 社会保险包括：养老保险、失业保险、工伤保险、生育保险、基本医疗保险。

3.1.2 公司按国家及员工工资关系所在地政府规定为员工办理社会保险，并承担公司应缴纳部分，个人应缴纳部分由公司代缴并从员工工资中扣除。

3.2 住房公积金

公司按国家及员工工资关系所在地政府规定为员工办理住房公积金，并承担公司应缴纳部分，个人应缴纳部分由公司代缴并从员工工资中扣除。

3.3 基数调整

公司根据国家及地方政府规定每年调整一次社会保险及住房公积金基数，基数调整时间及具体要求依据员工工资关系所在地执行。

3.4 法定假日及法定带薪年休假

3.4.1 公司认可所有法定假日，如员工休假期间与法定假日重合，法定假日不计入休假天数。

3.4.2 公司员工依法享受法定带薪年休假，具体休假办法见《带薪年休假管理规定》。

4．公司福利

4.1 伙食补助

4.1.1 公司为员工提供伙食补助，伙食补助标准为××元/人/月。

4.1.2 伙食补助按员工实际出勤天数在工资中计发。

4.2 贺礼及抚慰金

4.2.1 公司提供的贺礼及抚慰金包括：结婚贺礼、生育贺礼、丧葬抚慰金。

4.2.2 通过试用期考核且已转正的员工可享受相关贺礼及抚慰金，如夫妻双方均在本公司工作，礼金仅发至女方。

4.2.3 员工享受相关礼金时，应提供相应的证明材料，经公司审核认定后方可享受。

4.2.4 员工直系亲属去世时，可发放丧葬抚慰金，直系亲属包括：父母、子女、配偶。

4.3 健康保障

4.3.1 健康体检：公司每年组织员工进行一次常规项目体检，体检项目及金额需在公司核定的范围内，各部门可根据实际情况自行安排。

4.3.2 健康医药箱：公司为员工提供常用药品。

4.4 培训进阶

4.4.1 在岗培训：为提高员工的知识技能并发挥其潜能，公司可组织各种在岗培训活动。

4.4.2 图书馆：公司统一为员工征订杂志图书，提供便利的阅读条件。

4.5 假期福利

4.5.1 婚假：已转正的员工可享有带薪婚假。法定婚龄（男年满22周岁，女年满20周岁）员工，凭合法结婚证享受。

4.5.2 产假：女员工可按照国家规定享受产假待遇。

4.5.3 丧假：员工直系亲属去世可享受5天带薪丧假；员工祖父/母、外祖父/母去世，可享受3天带薪丧假。

4.5.1 家长会假：员工需参加家长会的，根据家长会通知书或其他有效证明材料，公司给予家长会假。

4.5.5 病假：员工因病需停工治疗、休息的，公司给予病假。

4.6 商业保险

4.6.1 公司为员工办理除基本医疗保险外的人身意外伤害保险或补充商业医疗保险，费用标准控制在公司规定的额度内。各地方公司若为员工缴纳商业医疗保险需经集团人力资源部审核后执行。

4.6.2 商业医疗保险投保范围包括：门诊、急诊、住院、生育。

5. 专项福利

5.1 有毒有害补贴

公司为从事对身体有害等特殊岗位的员工提供有毒有害补贴，具体补贴标准根据岗位性质而定。

5.2 防暑降温补贴

公司为从事室外工作的员工发放防暑降温补贴。

制度05：带薪年休假管理规定

1．目的

根据《职工带薪年休假条例》，贯彻公司相关要求，规范员工年休假管理工作，确保员工能够正常地享受带薪休假待遇。

2．适用范围

本规定适用于公司所有员工。

3．休假范围和标准

3.1 休假范围

凡在职员工连续工作满1年以上，并签订正式劳动合同的，均可享受年休假。

3.2 员工休假标准

3.2.1 员工累计工作已满1年不满10年的，年休假为5天。

3.2.2 累计工作已满10年不满20年的，年休假为10天。

3.2.3 累计工作已满20年的，年休假为15天。

3.2.4 国家法定休假日、休息日不计入年休假的假期。

3.2.5 新入职员工符合休假规定的，当年度年休假天数按照在本公司剩余日历天数折算确定，折算后不足1整天的部分不享受年休假。折算方法为：

（当年度在本单位剩余日历天数÷365天）×职工本人全年应当享受的年休假天数

4．不享受年休假的情形

员工有下列情形之一的，不享受当年的年休假：

（1）职工请事假累计20天以上且单位按照规定不扣工资的。

（2）累计工作满1年不满10年的员工，请病假累计2个月以上的。

（3）累计工作满10年不满20年的员工，请病假累计3个月以上的。

（4）累计工作满20年以上的员工，请病假累计4个月以上的。

5．年休假管理

（1）各部门可依据工作计划安排员工年休假，但由于员工本人意愿放弃年休假或在工作年度中没有主动提出休假申请的，由员工提交书面申请，按自动放弃处理，不计加班或给予补助。

（2）根据公司实际情况和行业特点，年休假原则上不跨年度安排。有特殊情况的，当年休假安排可延长至下一年的2月底。年休假在1个年度内可以集中安排，也可以分段安排。

（3）员工可以用年休假冲抵当年病假、事假。

（4）如本年度已享受年休假，其后病、事假假期超过规定期限的，员工应退还所超出假期相应天数的工资给公司或将年休假天数在下年度予以扣除。

（5）若员工在当年已将年休假休完，但在该年度因任何原因无法继续在本公司服务的，则按照该年度在本公司服务未满月份，超过在本公司应享有的年休假天数的，该员工应按事假退还相应天数的工资。

6．年休假计划与审批程序

（1）各部门应在每年的3月之前，根据各项工作的具体情况，并考虑员工意愿，统筹安排年休假。

（2）经与员工协商并签字确认后，将员工年度休假安排表报送人力资源部核准休假天数，备案后实施。

（3）用人部门因工作原因需要对年休假计划进行调整的，经与员工协商，可以变更休假计划。

（4）变更后的休假计划，经员工签字确认后，报送人力资源部核准休假天数，备案后员工因个人原因需要对年休假计划进行调整的，在经用人部门批准后，于休假前一个月报送公司人力资源部核准休假天数，备案后实施。

（5）各级员工于每年年初向直接上级提出年休假计划，并由上级领导审批后实施。

7．年休假请假手续及其他规定

（1）员工享受年休假前一周，填写“带薪年休假申请单”，经用人部门负责人、人力资源部及上级领导批准后方可休假。

（2）遇到特殊情况无法提前填写“带薪年休假申请单”时，经用人部门负责人书面或口头同意可以休假。员工应该在返回工作岗位后的两天内补填“带薪年休假申请单”。如未按规定休假，视作旷工。

（3）实行员工年休假制度必须在确保公司经营生产、工作任务完成的前提下，进行统筹安排。

（4）公司各用人单位（部门）承担员工年休假的管理责任，人力资源部门负责监督员工年休假计划的实施情况。

第四节　管理表格

表格01：管理层员工调薪申请表

表7-2　　　　管理层员工调薪申请表

<table>
<tr><td>姓名</td><td>调薪前部门</td><td>职务</td><td>任职时间</td><td>入职时间</td></tr>
<tr><td></td><td></td><td></td><td></td><td></td></tr>
<tr><td colspan="5">调薪因素：□升职　□降职　□岗位置换　□特殊调整　□其他</td></tr>
<tr><td>调薪后部门</td><td>职务</td><td>原薪酬</td><td>调整后薪酬</td><td>调整幅度</td></tr>
<tr><td></td><td></td><td></td><td></td><td></td></tr>
<tr><td>申请人</td><td></td><td>申请日期</td><td colspan="2">年　月　日</td></tr>
<tr><td>调薪陈述
（由申请人
陈述理由）</td><td colspan="4"></td></tr>
<tr><td colspan="5">部门经理：　　　　　　日期：</td></tr>
<tr><td colspan="5">总经理：　　　　　　日期：</td></tr>
<tr><td colspan="5">人力资源部：　　　　　　日期：</td></tr>
<tr><td colspan="5">备注：此调薪申请表适用于管理层员工各种薪酬变化，由此而进行的任何调薪必须有以下资料：
（1）调薪申请（特殊调整可不出具调薪申请）。
（2）人力资源部相关考核依据。
（3）此表的审核人以部门经理为审核权限，其他任何人不得随意审核。
（4）申请人必须是调薪人的直接上司（主管级以上人员）。</td></tr>
</table>

表格02：普通员工晋升审批表

表7-3　　　　普通员工晋升审批表

<table>
<tr><td>姓名</td><td>性别</td><td>入职时间</td><td>部门（直至班组）</td><td>原从事具体工作</td></tr>
<tr><td></td><td></td><td></td><td></td><td></td></tr>
<tr><td colspan="2">晋升职位</td><td></td><td>见习期</td><td></td></tr>
<tr><td colspan="5">晋升理由陈述：（由晋升提请人填写）</td></tr>
<tr><td colspan="5">部门经理审核：</td></tr>
<tr><td colspan="5">绩效专员考核评估：</td></tr>
<tr><td colspan="5">人力资源部意见：</td></tr>
<tr><td colspan="5">备注：
1．所有普工人员晋升除由提请人填写上述表格外，被晋升人必须有书面工作综述，内容包含近3个月工作总结及对新岗位工作思路，与本表格一起寄交人力资源部。
2．人力资源部要对晋升人进行相关考核后出具评估意见。
3．晋升人员在批准晋升后有1～3个月新岗位见习期，见习期待遇不变，见习结束后根据人力资源部考核及本人的见习总结再给予新岗位的待遇。
4．本晋升表的提请人为主管级以上人员。</td></tr>
</table>

表格03：变更工资申请单

表7-4　　　　变更工资申请单

姓名		所属部门		职位		入职日期	
考核记录	□优　□好　□普通　□差						
现在工作率			将调整工作率				
理由（任选一种）							
□晋升　□调整工作　□考绩优良　□年资增加							
最低工作率			工作等级				
前工作所需条件							
新工作所需条件							
备注：							
申请者							
批准者							
日期							

表格04：员工工资职级核定表

表7-5　　　　员工工资职级核定表

日期：

姓名		职务			等级			
年龄			工龄					
核定标准	说明	1	2	3	4	5	权数	点数
	学历	初中	高中	大专	本科	硕士及以上		
	服务年资	1年	2年	3年	5年以上	10年以上		
	相关经营	1年	2年	3年	5年以上	10年以上		
	其他经营	1年	2年	3年	5年以上	10年以上		
	成绩	–	丙	乙	甲	优		
原等级		原评定点数		基本点数		合计		
本年点数		核定本薪		职务加给		全计		

表格05：工资标准表

表7-6 工资标准表

职位	职位等级	基本工资	职务补贴	技术补贴	特殊补贴
总经理					
副总经理					
部门经理					
部门副经理					
主管					
经理助理					
助理工程师					
专员					
助理					
实习生					

表格06：调薪通知单

表7-7 调薪通知单

亲爱的员工________：

基于您近期的工作表现，我们特此通知您，对您的工资做出如下调整：

类别	总额	基本工资	岗位津贴	其他补贴
调整前工资				
调整后工资				

备注：

1．生效日期：　　年　　月　　日起。

2．对于您过往的努力和成绩，我们深表赞赏，并期待您能持续地为公司做出贡献。

3．薪酬是个人的保密事项，请不要与其他同事讨论和问询。

4．本通知单内容若有不明白之处，请向人力资源部查核。

通知部门：人力资源部

通知日期：　　年　　月　　日

续表

员工薪酬调整回执单

致人力资源部：

很高兴收到关于我本人的薪酬调整通知单，对于调整后薪酬□有□无疑义，本人愿遵守保密规定，不与其他同事讨论薪酬类问题。

员工签名：

日期：

表格07：工资登记表

表7-8　　工资登记表

职别工号	姓名	核定工资					调整记录
		本薪	技术津贴	年资加给	职务加给	工作补助	
合计							

表格08：加班费申请单

表7-9　　加班费申请单

日期（月、日）	姓名	工作内容和地点	实际加班时间			加班费	误餐费
			起	止	时数		
合　计							

表格09：津贴申请单

表7-10 津贴申请单

日期：

班别	□加班 □夜勤 □其他			
姓名	工作时数	姓名	工作时数	补津贴具体事实

表格10：新员工工资核定表

表7-11 新员工工资核定表

日期：

部门			职位		
姓名			入职日期		
学历			毕业学校		
工作经验	相关____年，非相关____年，共____年				
能力说明					
要求待遇			公司标准		
按核工作			生效日期		
批示		部门主管		人事经办	

表格11：员工奖金核定表

表7-12　　员工奖金核定表

<table>
<tr><td colspan="2">本月营业额</td><td></td><td colspan="2">本月净利润</td><td colspan="2"></td><td>利润率</td><td></td></tr>
<tr><td colspan="2">可得奖金</td><td></td><td colspan="2">调整比率</td><td colspan="2"></td><td>应发奖金</td><td></td></tr>
<tr><td rowspan="4">奖金核定</td><td>单位</td><td>姓名</td><td>职别</td><td>奖金</td><td>单位</td><td>姓名</td><td>职别</td><td>奖金</td></tr>
<tr><td></td><td></td><td></td><td></td><td></td><td></td><td></td><td></td></tr>
<tr><td></td><td></td><td></td><td></td><td></td><td></td><td></td><td></td></tr>
<tr><td></td><td></td><td></td><td></td><td></td><td></td><td></td><td></td></tr>
<tr><td rowspan="6">奖金核定标准</td><td colspan="2">本月净利润（万元）</td><td colspan="2">可得奖金（元）</td><td colspan="2">本月营业额（万元）</td><td colspan="2">目标利润率提高比率（%）</td></tr>
<tr><td colspan="2"></td><td colspan="2"></td><td colspan="2"></td><td colspan="2"></td></tr>
<tr><td colspan="2"></td><td colspan="2"></td><td colspan="2"></td><td colspan="2"></td></tr>
<tr><td colspan="2"></td><td colspan="2"></td><td colspan="2"></td><td colspan="2"></td></tr>
<tr><td colspan="2"></td><td colspan="2"></td><td colspan="2"></td><td colspan="2"></td></tr>
<tr><td colspan="2"></td><td colspan="2"></td><td colspan="2"></td><td colspan="2"></td></tr>
</table>

表格12：员工工资单

表7-13　　员工工资单

<table>
<tr><td rowspan="2">员工编号</td><td rowspan="2">姓名</td><td rowspan="2">基本工资</td><td rowspan="2">加班费</td><td rowspan="2">奖金</td><td colspan="2">补助</td><td colspan="3">扣除项</td><td rowspan="2">实发工资数</td><td rowspan="2">领取人签字</td></tr>
<tr><td>电话费</td><td>交通费</td><td>迟到早退</td><td>病假事假</td><td>其他事项</td></tr>
<tr><td></td><td></td><td></td><td></td><td></td><td></td><td></td><td></td><td></td><td></td><td></td><td></td></tr>
<tr><td></td><td></td><td></td><td></td><td></td><td></td><td></td><td></td><td></td><td></td><td></td><td></td></tr>
<tr><td></td><td></td><td></td><td></td><td></td><td></td><td></td><td></td><td></td><td></td><td></td><td></td></tr>
<tr><td></td><td></td><td></td><td></td><td></td><td></td><td></td><td></td><td></td><td></td><td></td><td></td></tr>
<tr><td></td><td></td><td></td><td></td><td></td><td></td><td></td><td></td><td></td><td></td><td></td><td></td></tr>
</table>

表格13：员工生日福利发放领取登记表

表7-14 员工生日福利发放领取登记表

姓名	物品名称	价格	数量	领取人	备注

表格14：员工年休假安排表

表7-15 员工年休假安排表

公司： 部门： 填表日期：

姓名	入公司时间	参加工作时间	累计工龄	可休假天数	计划休假日期	计划休假天数	员工签字	实际休假日期	实际休假天数

备注：

1．可休假天数由人力资源部根据《员工带薪年休假管理办法》核定。

2．员工分段休假的，分行填写，每段分别对应一行，各分段休假的累计天数不超过员工当年可休假天数。

3．本表由人力资源部留存。

负责人签字：

年 月 日

表格15：带薪年休假申请单

表7-16　　带薪年休假申请单

填表日期：

假期时间	自____年____月____日起，至____年____月____日止，共计____天
部门经理意见	签字：
人力资源部意见	签章：
总经理意见	签字：

表格16：员工保险月报表

表7-17　　员工保险月报表

序号	姓名	工号	工资总额	医保		社保		个人合计	企业合计	备注
				个人缴纳	企业缴纳	个人缴纳	企业缴纳			

表格17：员工福利金申请表

表7-18 员工福利金申请表

部门名称： 填表日期： 年 月 日

申请人姓名		岗位	
进入公司时间		进入岗位时间	
申请事项	申请金额	申请说明	
短期残障			
长期残障			
人寿保险			
丧葬福利			
休假期支付			
探亲费用			
退休费用			
员工储蓄计划费用			
员工福利总计			
部门意见			
人力资源部意见			
财务部意见			
总经理意见			

填表人： 审核人：

表格18：员工旅游活动费用补助申请表

表7-19　　员工旅游活动费用补助申请表

部门名称：　　　　　　　　填表日期：　　年　　月　　日

部门		计划活动时间	
参加者名单			
活动名称		领队	
活动目的			
活动地点			
活动内容			
自付费用		申请补助费用	
主办部门意见			
人力资源部意见			
财务部意见			
总经理意见			

填表人：

第五节　问题解答

问题01：薪酬体系设计应避免什么

薪酬体系设计是一件十分复杂的工程，如果出现管理措施欠妥，则可能会影响劳资关系的稳定性。

1. 薪酬水准低于市场水准

市场上的薪酬水准是影响企业薪酬水准的重要因素。如果一个企业自身的薪酬水准低于市场水准，同时又没有与之相配合的措施，如较高的福利、便利的工作条件、有吸引力的培训机会等，就很难避免员工流失，从而直接或间接地影响企业的经济效益和发展目标。

2. 薪酬不公，没有做到同工同酬

如果在企业中出现了同工不同酬的情况，认为自己受到不公正待遇的员工可能会减少自己的投入，降低努力程度，在极端的情况下将发展为辞职。

如果是一名普通的员工，他的做法给企业造成的损失可能不会太大，但有可能使公司的名声受损。如果是一名优秀的员工或是一名高级主管，他的消极工作态度甚至是辞职的做法将会给企业造成很大的损失。

3. 劳逸不均，人力资源运用不当

如果一家企业中，有的员工一天到晚忙得连喘息的机会都没有，有的员工却无事可做，喝茶聊天，其薪酬管理系统肯定存在问题。长此以往，该公司的员工都将是牢骚满腹，造成内部不团结，影响士气。

4. 管理层薪酬远远高于基层员工

如果出现这种情况，将会导致企业的主要干将即基层员工与管理层的关系疏远甚至僵化，基层员工情绪低落，士气下降，整个公司将会出现死气沉沉的局面。

5. 没有依据绩效调薪，或绩效评估不公平

毫无根据地随意调薪，或绩效评估不公正，都会导致企业员工对企业的薪酬系统产生怀疑以至不满。

问题02：工资发放有什么要求

我国工资发放的法律规章明确规定，不得克扣或者无故拖欠员工工资。企业不得克扣或者无故拖欠员工工资。但以下情况例外，如表7-20所示。

表7-20　　员工工资扣减的例外情况

情形	举例说明
可以代扣员工工资的情形	（1）企业代扣代缴的个人所得税。 （2）企业代扣代缴的应由员工个人负担的各项社会保险费用。 （3）法院判决、裁定中要求代扣的抚养费、赡养费。 （4）法律、法规规定可以从员工工资中扣除的其他费用。 （5）按劳动合同的约定要求员工赔偿的经济损失。
不属于“克扣”的减发工资的情况	（1）国家的法律、法规中有明确规定的。 （2）依法签订的劳动合同中有明确规定的。 （3）企业依法制定并经职工代表大会批准的厂规、厂纪中有明确规定的。 （4）企业工资总额与经济效益相联系，经济效益下浮时，工资必须下浮的（但支付给提供正常劳动职工的工资不得低于当地的最低工资标准）。 （5）因劳动者请事假等相应减发工资等。
不属无故拖欠的情况	（1）企业遇到非人力所能抗拒的自然灾害、战争等原因，无法按时支付工资。 （2）企业确因生产经营困难、资金周转受到影响，在征得本企业工会同意后，可暂时延期支付劳动者工资，延期时间的最长限制可由各省、自治区、直辖市劳动行政部门根据各地情况确定。

问题03：员工对薪酬不满的常见原因有哪些

目前，很多中小企业出现人才大量流失的严峻问题，因此，提高企业员工薪酬满意度是吸引和留住人才的关键因素，是中小企业在激烈的市场竞争中实现可持续发展的必然要求。一般来说，员工对薪酬不满的原因主要有以下方面：

1. 薪酬内部公平性不够

薪酬内部公平性不够是降低员工薪酬满意度的主要原因。

员工对内部相对公平的关注远远大于外部公平，员工不仅关心自己工作所获得的薪酬，更关心与他人薪酬的比较，他们会将自己的投入和所得与他人进行比较，来判断薪酬是否公平合理，当员工感觉到不公平时，他的满意度就会下降。

2. 薪酬外部不具有竞争力

员工在企业内部比较的同时，还会将自己的薪酬水平与外部同行业、同地区、类似岗位的人员相比较，如果薪酬水平低于外部市场薪酬的平均水平，员工的不满情绪就会油然而生。

3. 个人公平性体现得不够

即使是相同岗位的员工，其技能水平、工作能力、为公司创造的价值也是不一样的，因此当员工认为自己的薪酬水平与业绩不相符，“干多干少都一样，干好干坏都一样”，也会产生对薪酬制度的不满。

当然，还有其他的原因引起员工对薪酬不满，如员工认为工资应该与企业的效益同步上涨，当企业业绩好而工资上涨幅度远远小于效益上涨幅度时，就会引起员工的普遍不满；还有薪酬的分配程序、方式，如有不当，都会降低员工的薪酬满意度。

问题04：薪酬沟通中应避免哪些事项

1. 仅限于口头解释

有的人认为中小企业的薪酬或奖金体系不复杂，就不必书面化，只做简单的口头解释就可以了。这种做法是错误的，会带给员工不确定和不稳定的感觉，例如不清楚下次的评定方式会不会变，不肯定明年还有没有奖金等，如果员工的心里有这么多的“不清楚”和“不明确”，沟通必然存在问题。

2. 不谈员工的职业发展

在与员工进行薪酬沟通时，应避免只对其过去的成绩评头论足一番，而不提或少提员工个人发展的话题。人力资源部经理最好能开诚布公地和员工一起探讨如何共同“激励未来”，如何在企业的战略目标和员工的职业发展之间寻求一种“共赢”的局面。

3. 沟通时敷衍了事

当员工就薪酬问题提出疑问时，应避免只是敷衍了事，而不切实解决问题。人力资源部经理应尽力避免这种情况的发生，对每一个员工的薪酬问题都应认真对待。

4. 沟通中员工只做听众

有效的沟通应该是双向的，薪酬方面的沟通也不例外，员工不应仅是听者。薪酬沟通中，管理人员不要自己滔滔不绝，而应懂得聆听，鼓励员工表达看法和感受，然后给予认可或提出建议，帮助员工持续改进，员工也自然能坦诚地进行交流。

问题05：如何有效预防加班工资引发的劳动纠纷

为了防范加班工资劳动纠纷，最好是在劳动合同中约定工资内容以及如何计算员工加班、节假日工资并予以合理调整。具体方法为：

1. 尽量避免最低工资低于当地最低工资标准

有的企业一般向员工无偿提供住房、优惠伙食，由于此类不计入最低工资，因此，如果企业存在员工工资可能低于最低工资的现象，应想办法将此类支出以工资的形式支付给员工。

2. 对高级员工尽量使用综合工时制

对于高级员工，为减少加班工资的支出，尽量使用综合工时制，由于国家有规定，实行综合工时制的企业，星期六、星期天的上班不计入加班时间，只有法定节假日加班才算加班，而且综合工时很难计算加班时间与非加班时间，可以节省工资额的支出。

3. 合同条款清晰

企业在签订合同时，最好约定好每月按照法律规定底薪的具体数额，以免发生由于理解的不同而导致出现额外的支出。

4. 合理采用计件工资制

虽然法律规定，实行计件工资制应满足正常劳动付出应得到最低工资的规定，但是由于计资工件制没有国家统一的标准，实行计件工资，也可有效避免工资总额的支出，但是计件工资必须要符合企业所属省、市工资条例的相关规定。

5. 制定合理的劳动合同条文及工作规章

如果合理扣发工资是允许的，在合同中最好约定，用人单位有权合理调整员工的工作岗位并视工作岗位合理地调整工作报酬。

6. 采用公司股份期权奖励形式

对于高级员工，如果用股份奖励形式，也能避免过高的加班工资，避免出工不出力，也可提高员工的工作积极性，以及与公司同命运的主人翁感。

7. 规范考勤登记制度

企业应当建立劳动考勤制度，书面记录员工的出勤情况，每月与员工核对并由员工签字。企业保存考勤记录不得少于两年。要按时准确考勤，特别对于考勤机或电脑考勤，要规定下班时间必须打卡，然后根据加班单进行加班，不要直接以打卡时间作为上下班加班时间的计算。

8. 将工资和加班工资明确分列在工资单上，发放给员工

每月发工资时应将工资和加班工资清清楚楚地分列在工资单上发放给员工，并让员工签字。

9. 员工离职时与员工签署离职结算单

当员工离职后，应与员工签订一份离职结算单，以保护自身的权益，只有一份措辞严谨、内容规范的结算单才能够起到这个作用。

第八章

员工关系管理

内容提示 >>>

◇管理要点

◇管理流程

◇管理制度

◇管理表格

◇问题解答

第一节 管理要点

要点01：与员工进行内部沟通

与员工进行沟通时，首先需要选择内容。人力资源部必须通过为员工传送感兴趣的信息，让其关心企业情况，支持企业的各项工作。以下为一些需要与员工沟通的内容：

（1）介绍企业各方面的运作情况，让员工了解企业。如企业的销售指标、市场占有率、规模和级别、利润和财务状况等。

（2）介绍企业的总销售额、赢利与亏损、收支与利润分配等财务方面的状况。这些状况的公布可以增加财务管理的透明度，加强员工的主人翁意识，增强其与企业同呼吸、共命运的责任感。

（3）介绍企业竞争对手的情况，以增加员工的危机感和紧迫感，增强员工的斗志和对企业的忠诚度，激励员工的干劲。如介绍竞争对手的实力、市场地位、在消费者和用户中的形象、与本企业竞争的优势等。

（4）介绍企业作出各项决策的依据，让员工理解、拥护、支持企业的决策。如介绍转产、扩建、寻求新合作伙伴、薪酬变动标准等。

（5）介绍企业模范人物的工作业绩、突出贡献，以增加员工对企业的信心和荣誉感，鼓励员工去创造更多的业绩。如介绍企业的创业史、企业渡过的几次难关、企业曾在激烈的竞争中获胜的经过、企业员工和专家们的创新和杰出贡献等。

（6）介绍人事安排情况，如介绍企业各方面的人事变动和新任领导的背景情况。一是可以让员工了解新的领导，有助于树立新领导的权威；二是可以让员工了解企业人事安排和人事变动考虑的因素，便于员工监督企业的管理。

（7）介绍安全生产知识。这既是为员工的切身利益考虑，也是为企业的正常发展着想。将安全知识和安全生产的规章制度进行长期深入的宣传，使全体员工都懂得和重视安全生产，以确保少出或不出事故。

（8）介绍福利情况。如奖金、住房、食品、补助、育婴托儿、医疗、休假等问题。对于这些与员工切身利益紧密联系的信息，要通过公开的传播渠道，及时通知企业的全体员工，使他们满意企业的福利政策，集中精力做好本职工作。

（9）进行遵纪守法教育。做好这项工作既能为社会的稳定作贡献，也有利于本企业的安定。要以员工喜闻乐见的形式开展这项工作，结合企业的实际和员工的生活方式，系统、详细地介绍有关的法律和规定。员工能遵纪守法，会给企业带来好的声望并产生良好的生产、工作秩序。

（10）注意员工之间的信息沟通。如员工都希望了解本企业的各种体育活动、文娱活动，以及员工在生产、生活中的趣闻等。通过员工之间信息的传播，可以加强企业同员工之间的情感交流，也可加强员工之间的联系、增加企业的凝聚力。

要点02：内部冲突管理

当企业内部冲突发生时，一般按以下程序处理：

1. 检举

员工对企业的方针、政策、经营管理有意见、不满，或与其他员工发生冲突时，可先与自己的直接上级坦诚交谈。如仍不能解决问题则可运用检举制度。检举程序如下：

（1）员工将自己的不满或有关冲突的情况以书面报告的形式写下来，注明自己所属的部门、姓名、住址。如希望与有关领导见面可写申请，然后投递。

（2）员工将检举信递到检举负责人手中，负责人将检举人姓名、住址、部门剪下来。在保密的同时，把正文转抄在专用纸上，根据其内容委托有关部门予以答复。答复的形式是多种多样的，但均应注意以下几个方面：按照检举者的意见、问题进行答复；回答全部问题；避免含糊不清、拐弯抹角的答复；答复重点在于问题的解决；对涉及机密不能回复的事项要说明。

答复原则上在收到检举信后10日内完成。答复一旦寄出，负责人立即将检举人的姓名、住址销毁。

2. 裁决

如果通过与直接上级沟通和检举都不能解决问题，可安排其与上一级主管面谈，由上一级主管裁决。裁决程序如下：

（1）事先写好书面材料。

（2）对信件进行严格审核后，决定是否由上一级主管亲自出面裁决；同时在24小时内把收到信件一事通知上一级主管。

（3）如果不需要上一级主管出面裁决，应通知写信人，并说明另行处理方法；如果需上一级主管出面裁决，可安排面谈时间，必要时也可请适当部门的管理人员解决问题。

（4）上一级主管受理该冲突后，需派专人调查。

（5）担任调查的专职人员，在第一次面谈时要充分了解产生冲突的有关情况，同时做到以下两点：第一，调查中，采取不偏袒任何一方的公正态度；第二，调查实质性问题不可匿名进行，但要注意保密。

（6）问题涉及多方时，要单独调查各方，必要时也可安排各方会面。

（7）调查结束后，担任调查的专职人员要向员工说明调查的经过和得出的结论。

（8）在作最后裁决时，要以事实为根据，依企业现存的规章制度提出处理意见。

要点03：劳动合同管理基本内容

企业应根据《中华人民共和国劳动合同法》《中华人民共和国劳动法》及相关法律法规来制定本单位的劳动合同文本，确保具备合法的要件，同时用人单位应尽量将劳动合同的漏洞控制在最小的范围内，以降低劳动争议的风险。通常规范的劳动合同应具备以下的一些条款：

（1）合同类型与期限条款——劳务合同、完成一定成果的劳动合同等。

（2）工作岗位（工种）条款——可以约定适用用人单位择优竞岗的劳动规章。

（3）工作数量与质量条款——数量和质量条款，应注意不得加重劳动者的负担。

（4）工作时间条款。

（5）延长工作时间补偿条款。

（6）休息和休假条款。

（7）劳动安全卫生条款。

（8）职业病防治条款。

（9）教育和培训条款。

（10）拒绝权与批评、检举和控告条款。

（11）试用期工资条款。

（12）工资分配条款。

（13）工资支付保障条款。

（14）延长工时工资补偿条款。

（15）特殊情况下工资支付条款。

（16）休假期间的工资支付条款。

（17）社会保险条款。

（18）劳动者患病或非因工负伤的医疗待遇条款。

（19）劳动者工伤待遇条款。

（20）女劳动者特殊保护条款。

（21）社会福利条款。

（22）用人单位劳动规章制度条款。

（23）劳动者义务条款。

（24）违反劳动纪律的处罚条款。

（25）劳动合同的变更条款。

（26）劳动合同的约定解除条款。

（27）用人单位过失性解除劳动合同条款。

（28）用人单位非过失性解除劳动合同条款。

（29）经济性裁员条款。

（30）非过失性解除劳动合同与经济性裁员的限制条款。

（31）劳动者单方解除劳动合同条款。

（32）预告解除条款。

（33）劳动合同的终止与续订条款。

（34）用人单位解除劳动合同支付经济补偿金条款。

（35）劳动者违法解除劳动合同赔偿损失条款。

（36）竞业限制条款。

（37）违反劳动合同的责任。

（38）劳动合同争议的解决。

（39）其他。

要点04：劳动合同日常管理

人力资源部对劳动合同的管理必须做到心中有数，准确记录合同期内的各类台账，并妥善分类保管。

建立完善的劳动合同管理台账是一项基础性的工作。企业组织结构不同、规模不同、劳动与人力资源管理事务分工不同，对台账的种类要求、类目粗细等存在着比较大的差异。台账种类的确定与记录必须坚持简明、准确、及时和稳定的原则。

劳动合同中的管理台账一般包括：

（1）员工登记表。员工登记表应能够全面反映员工本人的基本情况，包括姓名、性别、年龄、学历、所在岗位工种、合同期限、在本单位的工作时间、档案存放机构，以及企业需要了解的其他情况。

（2）劳动合同台账。劳动合同台账应能全面地反映员工的合同签订、续订、变更等情况。

（3）员工统计表。员工统计表按照一定的员工序号，全面记录员工个人的情况，其栏目及统计指标根据劳动合同管理的需要设定。

（4）岗位（专项）协议台账。

（5）医疗期台账。医疗期台账准确、全面记录员工患病或非因工负伤的治疗与休假情况。

（6）员工培训台账。员工培训台账反映员工培训类别、培训时间、培训费用及企业需要了解的其他情况。

（7）终止或解除劳动合同员工去向台账。

（8）其他必要的台账。

第二节　管理流程

流程01：员工投诉处理流程

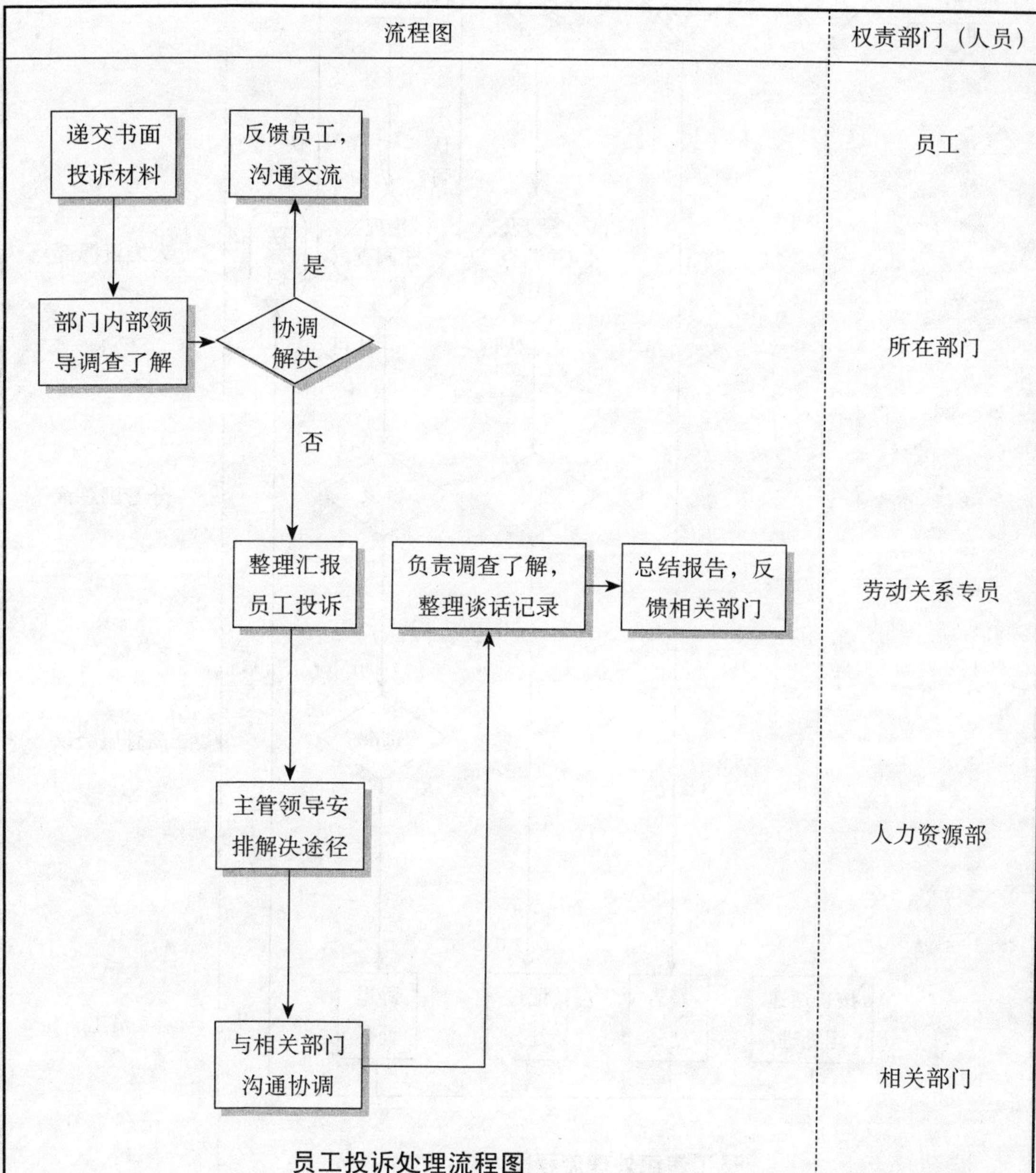

员工投诉处理流程图

流程02：员工违纪处理流程

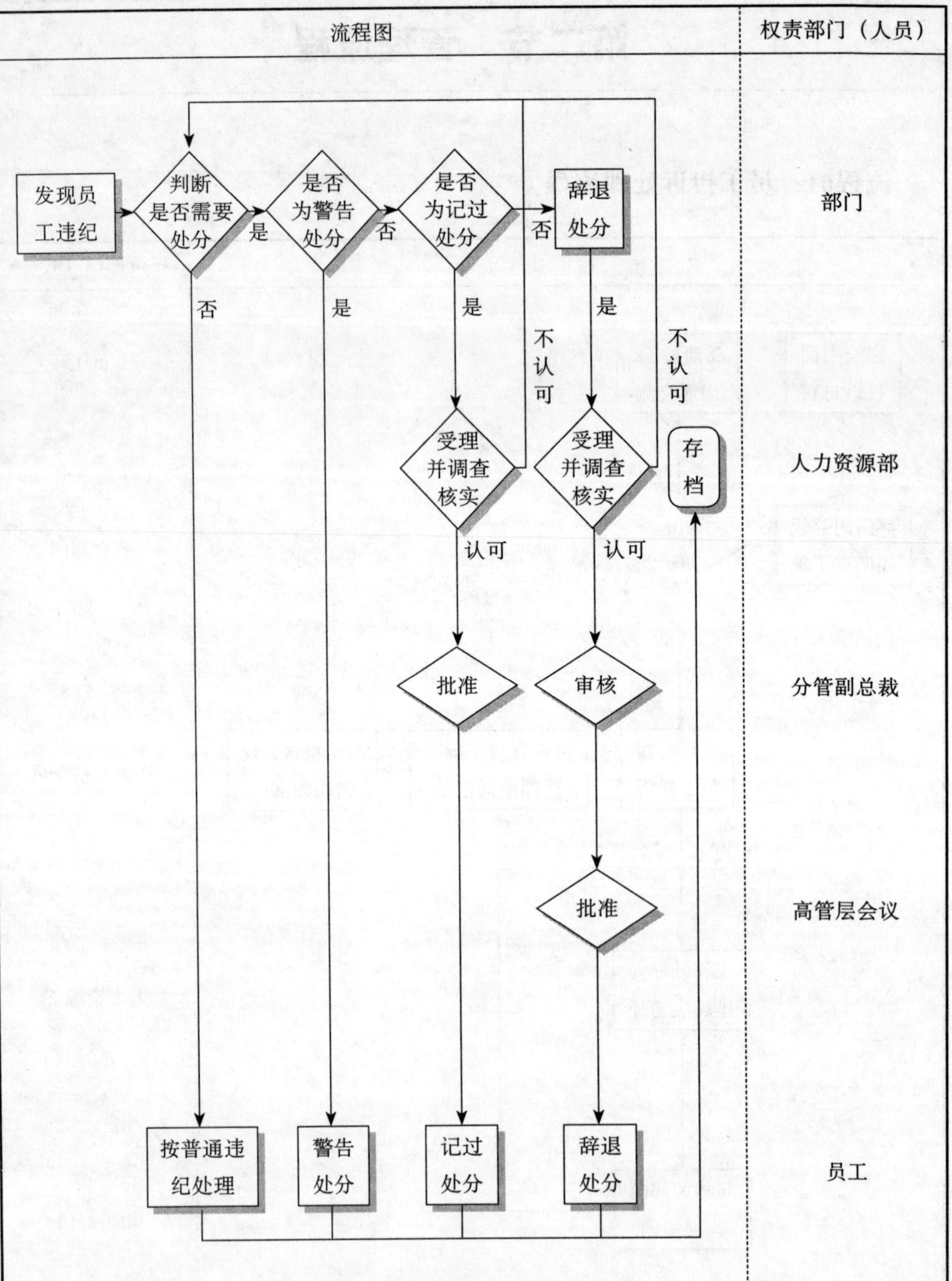

员工违纪处理流程图

流程03：员工满意度调查流程

流程图	权责部门（人员）
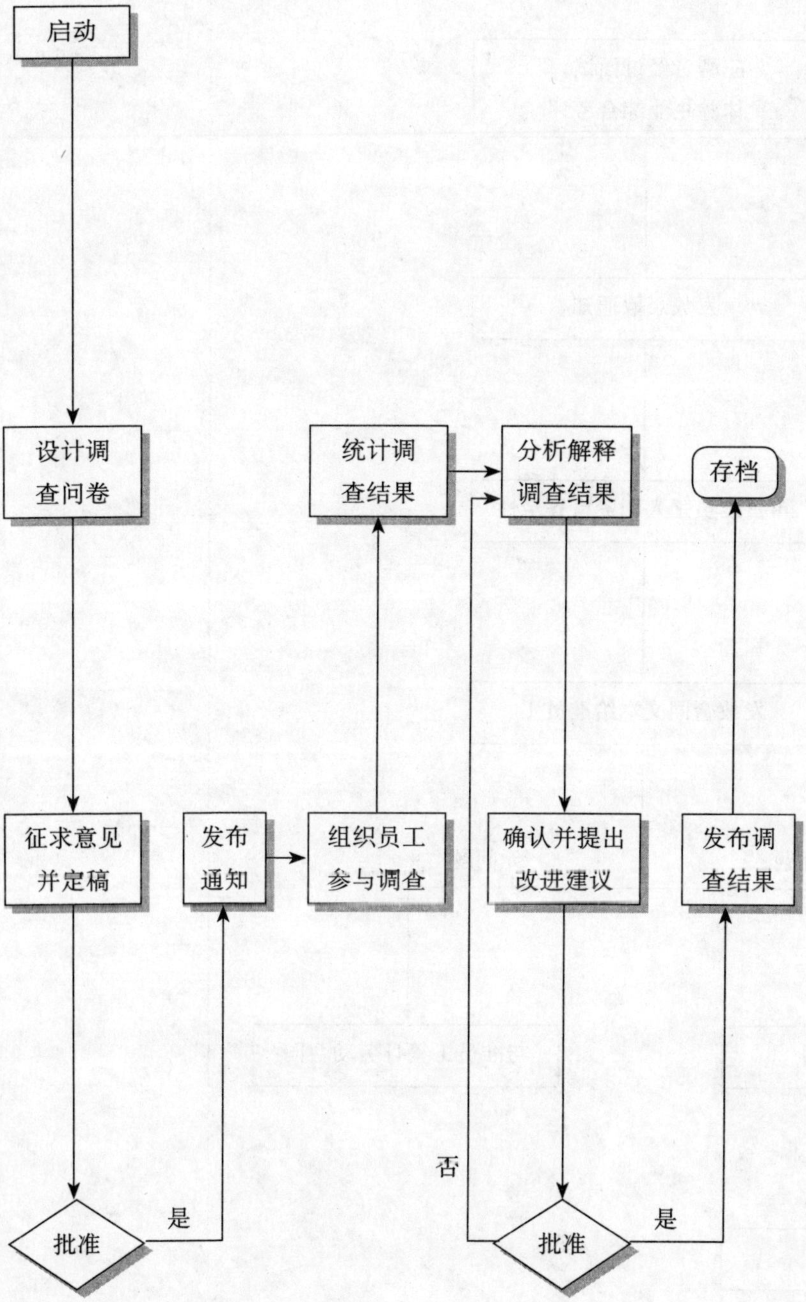	

员工满意度调查流程图

流程04：劳动合同签订流程

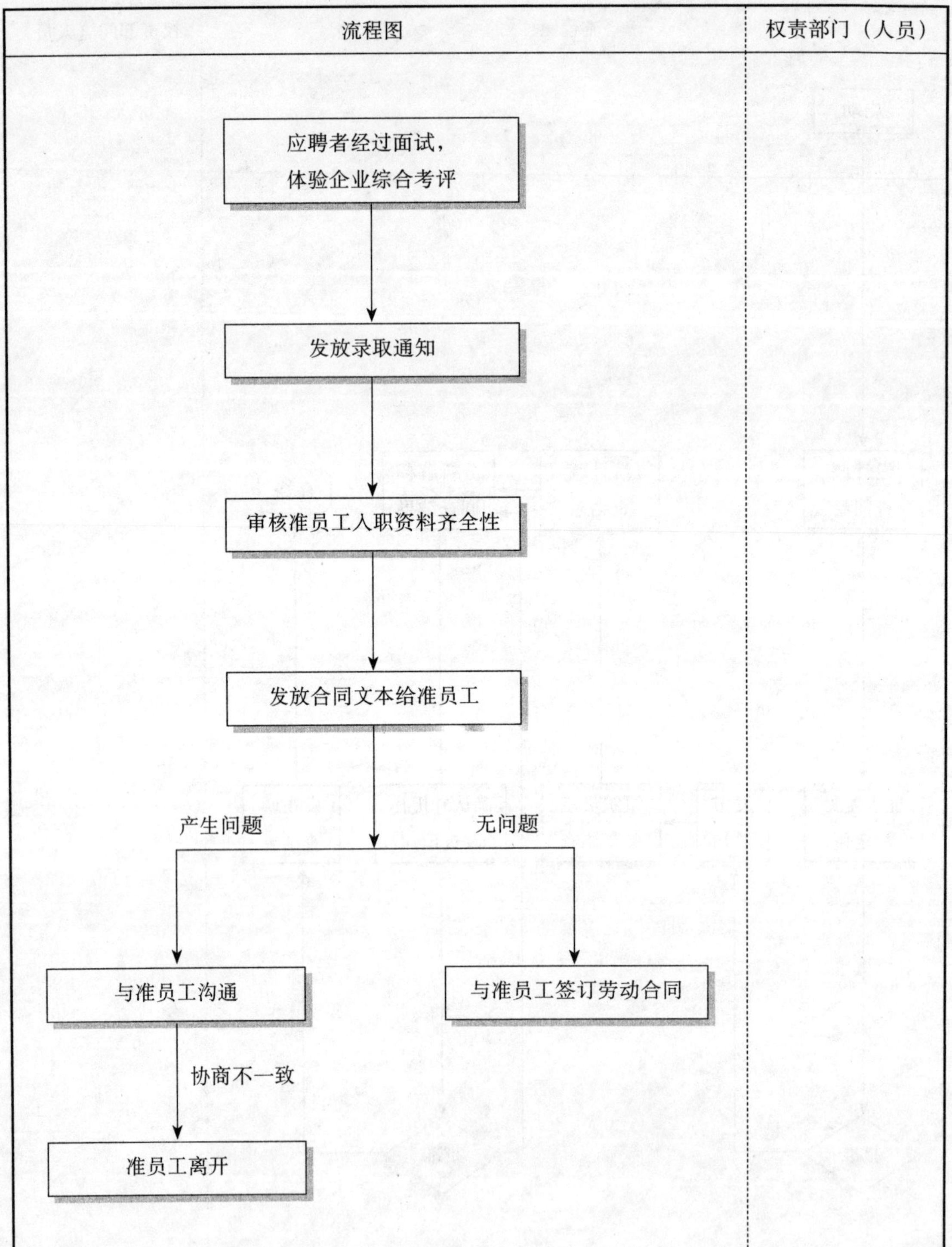

劳动合同签订流程图

流程05：劳动合同解除流程

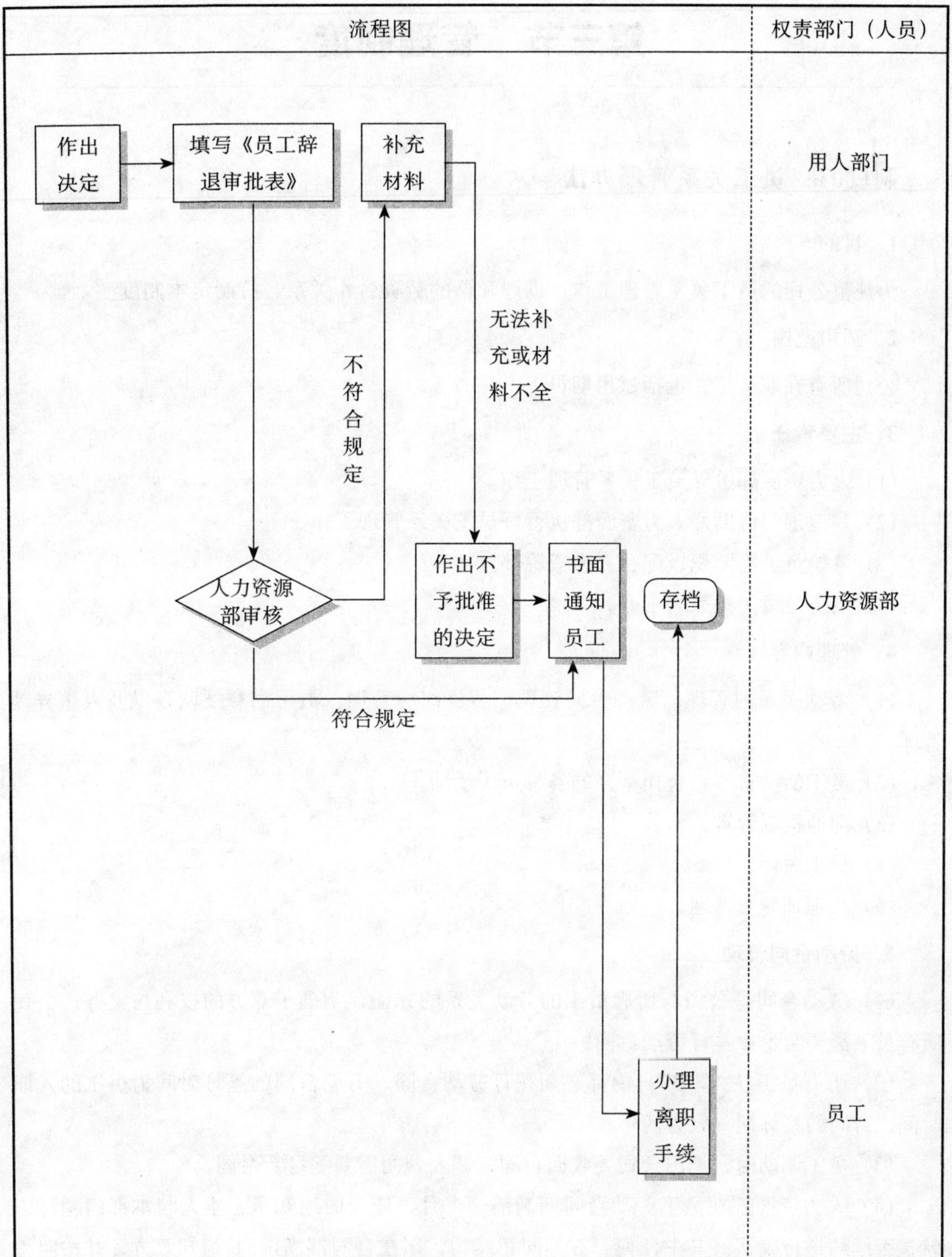

劳动合同解除流程图

第三节　管理制度

制度01：员工关系管理办法

1．目的

为规范公司的员工关系管理工作，创建和谐的劳资合作关系，特制定本制度。

2．适用范围

公司所有在职员工，包括试用期员工、临时工。

3．主要责任

（1）人力资源部主导员工关系管理工作。

（2）其他部门协助好人力资源部执行好员工关系管理工作。

（3）各位员工需要积极配合人力资源部。

（4）员工是员工关系的中心。

4．管理内容

（1）劳动关系的管理：劳动合同管理、劳资纠纷管理、员工满意度调查以及人事异动管理。

（2）员工活动管理：公司举办的各种员工活动。

（3）沟通机制管理。

（4）员工关怀。

（5）心理辅导与疏通。

5．劳动合同管理

（1）劳动合同是公司与所聘员工的劳动关系的凭证，明确了双方的权利与义务。公司所有员工都要与企业签订劳动合同。

（2）所有员工在入职30日内都必须签订劳动合同，劳动合同的签订时间为员工的入职时间。合同的签订期一般为两年。

（3）员工调动时，调出公司要收回合同，调入公司需要签订新合同。

（4）人力资源部在员工劳动合同期满前一个月，应及时通知员工本人与本部门领导，就是否续约进行确认。其中任何一方不同意续约，须在合同期满前3日通知双方，并按照程序解除劳动合同。如果双方均表示有合作意向，应在合同期满前签订续约合同。

（5）员工试用期内，可以提前3日表示解除合同；非试用期内，需要提前30日解除合同。

（6）双方出现纠纷时，由人力资源部代表公司与员工协商解决纠纷。

6．员工活动与组织

6.1 活动小组

人力资源部员工关系专员与行政专员及其员工志愿者，共同组建员工活动小组，负责组织各种活动小组、组织各种小组活动。

6.2 活动时间

6.2.1 小型活动（如篮球赛），每季度一次一项。

6.2.2 中型活动（如部门聚餐、团队建设），每半年一次。

6.2.3 大型活动（如年会），每年一次。

6.3 活动经费

6.3.1 经费来源。员工日常违纪罚款、员工缺勤扣款，由公司提供。

6.3.2 员工关系专员负责向各公司申请或者向员工筹集活动经费，并按计划对活动经费进行管理与控制。

7．员工内部沟通管理

7.1 入职前沟通

为达到“以企业理念凝聚人、以事业机会吸引人、以专业化和职业化要求选拔人”的目的，在选拔面试时须将企业文化、工作职责等进行描述。人力资源部负责人、各部门负责人与分管副总对中高层管理人员的“入职前沟通”。

同时，进入公司的新员工由人力资源部招聘专员负责引领新员工认识各部门入职指引人、介绍公司相关的沟通渠道、后勤保障实施方法等，帮助新员工尽快适应新的工作环境。

7.2 岗前培训沟通

对员工上岗前必须掌握的基本内容进行沟通培训，以使其掌握公司的基本情况、提高对企业文化的理解和认同、全面了解公司的管理制度、知晓员工的行为规范、知晓自己的岗位职责和工作标准、掌握本职工作考核标准、掌握本职工作的基本工作方法，从而顺利地开展工作、尽快融入到公司中，渡过“磨合适应期”。

7.3 试用期沟通

7.3.1 为帮助新员工更加快速地融入公司，渡过“磨合适应期”，应尽量给新员工创造一个合适、愉快的工作环境。

7.3.2 人力资源部、新员工所属直接上级与新员工进行沟通。人力资源部主管主要负责对管理人员进行试用期沟通；管理人员以外的新员工沟通、引导，原则上由其所属上级以及人力资源部专员负责。

7.3.3 除面谈、电话等沟通方式外，人力资源部须在每月的最后一个星期组织新员工座谈会进行沟通。

7.4 转正沟通

7.4.1 根据新员工在试用期的表现，结合《绩效管理制度》进行转正考核，在“转正申请表”上做出客观评价。

7.4.2 沟通时机

7.4.2.1 新员工所属直接上级：进行新员工转正评价时形成部门意见。

7.4.2.2 人力资源部：在审核员工转正时形成职能部意见。

7.5 工作异动沟通

7.5.1 为了使员工明确工作异动的原因和目的、新岗位的工作内容、责任，更顺利地融入到新岗位中去，同时以期使员工到新岗位后更加愉快、敬业工作的目的。

7.5.2 沟通时机

7.5.2.1 人力资源部：在决定异动后提前3日正式通知员工本人。

7.5.2.2 异动员工原部门直接上级：在接到人力资源部的员工异动决定通知后立即进行。

7.5.2.3 异动员工新到部门直接上级：在异动员工报到上岗之日，相当于新员工的入职引导和岗位培训沟通。

7.6 离职面谈

7.6.1 本着善待离职者的原则，对于主动离职的员工，通过离职面谈了解员工离职的真实原因以便公司改进管理；对于被动离职员工，通过离职面谈提供职业发展建议，不让其带着怨恨离开；诚恳地希望离职员工留下联系方式，以便跟踪管理。

7.6.2 沟通时机。第一次：得到员工离职信息时或作出辞退员工决定时。第二次：员工离职手续办完准备离开公司的最后一天。

7.6.3 离职面谈责任人：原则上由人力资源部和员工所属部门负责人共同组织：

7.6.3.1 第一次离职面谈：对于主动提出辞职的员工，员工直接上级或者其他人得到信息后应立即向其他部门负责人和人力资源部员工关系专员反映。拟辞职员工部门负责人应立即进行离职面谈，了解离职原因，对于把握不准是否挽留的应先及时反馈人力资源部以便共同研究，再采取相应的措施。对于主管级以上的管理人员的主动辞职，得到信息的人应先将信息第一时间反馈给人力资源部负责人以便决策；对于企业辞职的员工由人力资源部进行第一次离职面谈。

7.6.3.2 第二次离职面谈：对于最终决定离职的员工，由人力资源部进行第二次离职面谈。主管级以下的员工由人力资源部主管进行离职面谈；主管级别以上员工由人力资源部经理以及以上负责人进行离职面谈。第二次面谈可以采取离职员工填写“离职员工面谈表”的相关内容方式配合完成。第二次面谈应技巧性让离职员工留下联系方式，以便跟踪管理。

7.6.3.3 每月进行员工离职原因分析，由人力资源部员工关系专员完成。

8．员工关怀管理

（1）员工关怀管理是为了增强员工的归宿感。

（2）每逢传统节假日，人力资源部要对员工进行慰问，并准备一些礼品赠给员工。

（3）员工生日时要给员工发放生日祝福卡。

（4）如果某位员工出现家庭困难，人力资源部应召集募捐活动，公司领导必须带头募捐。募捐名单与金额由人力资源部统计。

9．员工申诉管理

9.1 申诉目的

员工申诉管理的目的是为了减少员工在工作中因为受到不公正待遇而产生的不良情绪。

9.2 申诉程序

员工向直接上级投诉，如直接上级在3日内仍未解决问题，可越级向部门经理或者分管领导投诉；同时也可向人力资源部经理或员工关系专员投诉，人力资源部负责3日内解决投诉问题。

9.3 复议

员工对人力资源部的处理结果不满意，可继续向人力资源部的主管领导提请复议，主管领导有责任在一周内重新了解情况并给予处理意见。此复议为申诉处理最终环节。

10．附则

本制度解释权归公司人力资源部。如有不明之处，请向人力资源部咨询。

制度02：劳动合同管理制度

1．目的

为面向市场转换企业经营机制，深化改革企业用工制度，加强劳动关系的民主法制建设，保障企业和员工的合法权益，充分调动员工的积极性，增强企业活力，根据国家、省、市的有关法规，特制定本制度。

2．适用范围

适用于公司与全体在职员工签订劳动合同的相关管理。

3．管理原则

劳动合同是本公司员工与公司在平等自愿、协商一致的基础上，通过签订劳动合同明确双方权利和义务。

4．劳动合同的订立与期限

4.1 劳动合同的订立

劳动合同经公司与员工双方签字盖章后即生效。劳动合同一式两份，员工执一份，另一份由公司保管。合同期内双方应严格执行合同条款。

4.2 劳动合同的内容

劳动合同是确立本公司与员工劳动关系的协议，劳动合同包括内容参考《中华人民共和国劳动合同法》。

4.3 劳动合同的期限

劳动合同期限由公司根据工作岗位特点、工种和员工本人的情况及意愿与员工协商一致后签订，采用固定期限或无固定期限形式。

4.3.1 公司中层以上管理人员、经双方协商可签订3年以上（含3年）劳动合同。

4.3.2 本公司有执业资格证书的在岗技术骨干、业务骨干、助理或主管人员，经双方协商一般签订2年期劳动合同。

4.3.3 其余员工经双方协商一般签订3年期劳动合同。

5．劳动保护和劳动条件

（1）公司根据岗位要求为员工提供符合国家规定的劳动保护条件。员工必须严格遵守公司的各项规章制度，增强自我保护意识。

（2）员工对由于自身不遵守公司的规章制度所造成的损失负责。

6．劳动报酬

（1）员工享有根据多劳多得、按劳分配和按生产要素分配获得工资和奖励的权利，享受劳动保险和本公司规定的各项福利待遇。

（2）员工的薪酬待遇，具体按公司现行的薪酬制度执行。

（3）正式签订劳动合同员工的保险待遇，按国家有关规定和公司有关制度执行。

（4）员工患职业病或因工负伤以及女员工孕期、产期、哺乳期间的待遇，员工因工或因病死亡的丧葬补助费，供养直系亲属的抚恤费，按国家有关规定执行。

（5）员工患病或非因工负伤，按医疗保险有关规定执行。

（6）员工在劳动合同期内患病或非因工负伤，需要停止工作去医疗时，按照国家有关规定给予相应时间的医疗期，医疗期满后不能从事原工作或不能从事公司安排的工作的予以解除或终止劳动合同。

（7）员工非因工致残和经医生或医疗机构认定患有难以治疗的疾病，医疗期满，应由劳动鉴定委员会参照《工伤与职业病致残程度鉴定标准》进行劳动能力的鉴定。被鉴定为一至四级的，应当退出劳动岗位，并办理有关手续。

(8) 员工达到法定退休年龄，符合退休条件的，按国家有关规定办理手续，享受有关规定的退休待遇。

7. 民主管理和劳动纪律

(1) 工会是员工的代表，工会主席是工会的法定代表人，全体员工依法享有参加工会组织的权利。

(2) 工会在维护公司利益的同时，也要维护员工的合法权益。

(3) 工会对公司制定和执行的各项规章、法规给予协助与监督，并有权提出建议。

(4) 劳动合同期内，员工应严格遵守国家的法律、法规，遵守社会公德，遵守公司的各项规章制度。

8. 劳动合同的变更、解除、终止和续订

8.1 *劳动合同变更*

因公司进行用人制度、分配制度的改革，原员工与公司签订的劳动合同未到期的，在平等自愿、协商一致的基础上变更劳动合同的相关内容；如员工与公司签订的劳动合同已到期的，一律按新制度续订劳动合同。员工工作岗位发生变动，经双方协商劳动合同的相关内容也应随之发生变更。

8.2 *劳动合同解除*

公司与员工协商一致，可以解除劳动合同。员工要求解除劳动合同时，应当提前30日以书面形式通知本公司。试用期员工解除劳动合同时，应当提前三日以书面形式通知本公司。

8.2.1 员工可以解除劳动合同。

8.2.1.1 公司未按规定支付劳动报酬或提供劳动条件的。

8.2.1.2 公司以暴力、威胁或非法限制人身自由的手段强迫劳动的。

8.2.1.3 在试用期内的。

8.2.2 公司在追究其他责任的同时可以解除劳动合同的情况

8.2.2.1 员工在本公司工作期间，以任何形式参与其他单位业务工作者。

8.2.2.2 销售货款超过规定期限不上交公司财务或拖欠公款3个月不还者。

8.2.2.3 员工违法犯罪被中国司法机关追究刑事责任者。

8.2.2.4 无正当理由拒绝出勤或不服从分配、工作调动者。

8.2.2.5 因违纪受到行政处罚在6个月内又违纪者。

8.2.2.6 以欺骗或其他手段伪造重要经历被公司录用者。

8.2.2.7 在公司内进行暴力、威胁、伤害或有类似行为发生者。

8.2.2.8 故意损坏公司的设备、器具、药品及其他物品或造成重大事故灾害者。

8.2.2.9 在试用期间被证明不符合录用条件者。

8.2.3 公司提前30日以书面形式通知员工本人或者额外支付1个月工资后，可以解除劳动合同的情况。

8.2.3.1 员工患病或者非因工负伤，在规定的医疗期满后不能从事原工作，也不能从事由用人单位另行安排的工作的。

8.2.3.2 员工不能胜任工作，经过培训或者调整工作岗位，仍不能胜任工作的。

8.2.3.3 劳动合同订立时所依据的客观情况发生重大变化，致使劳动合同无法履行，经公司与员工协商，未能就变更劳动合同内容达成协议的。

8.2.4 公司不得解除劳动合同的情况。

8.2.4.1 在规定的医疗期内的（违法违纪者除外）。

8.2.4.2 患有职业病或因工负伤，并经劳动鉴定委员会确认完全丧失或部分丧失劳动能力的（违法违纪者除外）。

8.2.4.3 女员工在孕期、产期、哺乳期的（违法违纪者除外）。

8.2.4.4 法律、法规规定的其他情形。

8.3 劳动合同续订

8.3.1 劳动合同期限已满，但女工保护期、员工患病或非因工负伤停工医疗期未满，应续延劳动合同期至女工保护期、停工医疗期满之日（当事人自愿终止的不受此限）。因工致残、患职业病的员工劳动合同期满应当续订合同，有违法违纪行为按有关规定处理。

8.3.2 劳动合同期限届满，应立即终止执行。双方如有续订意向，任何一方应在合同期满前一个月内提出。

8.4 经济补偿

经济补偿按员工在本公司工作的年限，每满一年支付1个月工资的标准向员工支付。6个月以上不满1年的，按1年计算；不满6个月的，向员工支付半个月工资的经济补偿。

9. 违反劳动合同的责任

（1）劳动合同必须全面履行。双方任何一方违约，应按《中华人民共和国劳动合同法》及有关规定承担违约责任。

（2）公司出资培训，一年内累计培训费及因培训发生的其他费用（含学历奖励）在××××元以上（含××××元）的员工，必须自培训结束后为公司服务5年，否则在办理离职手续时，必须按每年20%的比例退回上述费用。

（3）与公司签订的其他协议如住房协议等，双方任何一方违约，应按相关协议承担违约责任。

10. 劳动争议处理

（1）本公司成立劳动争议调解委员会，负责公司内部因履行劳动合同发生争议的调解，其办事机构设在工会。

(2) 因履行劳动合同发生争议的，当事人应在发生争议之日起30日内向本公司劳动争议调解委员会提出书面申请。公司劳动争议调解委员会受理劳动争议，从受理之日起30日内结束，到期未结束，视作调解不成。

(3) 因履行劳动合同发生争议的，当事人可以从争议之日起1年内或从本公司劳动争议调解委员会调解不成30天内，向市劳动争议仲裁委员会提出书面仲裁申请。

11．附则

（略）

制度03：员工申诉制度

1．目的

为了维护公司与员工的合法权益，保障员工与职能部门及公司管理层的沟通，及时发现和处理隐患问题，从而建立和谐的劳动关系，增强企业凝聚力，特制定本制度。

2．适用范围

本制度适用于公司所有正式员工、派遣人员、临时工（含短期合同工）的申诉进行管理的相关事宜。

3．制度内容

3.1 权限责任

申诉人应依据事实，按照本制度的规定进行申诉，如经查证表明申诉人有欺骗行为的，公司将依据相关规定进行处罚。

3.2 申诉范围

申诉范围应在人力资源管理职能的范围内，但不限于的情形如下：

3.2.1 对职位、职级的调整有异议的。

3.2.2 对绩效考评及奖惩有异议的。

3.2.3 对培训、薪酬、福利等方面有异议的。

3.2.4 对劳动合同的签订、续签、变更、解除、终止等方面有异议的。

3.2.5 认为受到上级或同事不公平对待的。

3.2.6 申诉人有证据证明自己权益受到侵犯的其他事项。

3.3 申诉渠道及方式

3.3.1 公司成立申诉处理委员会，由总经理、副总经理、工会主席、人力资源部经理、申诉人所在的部门经理及员工关系经理组成。如果申诉提交到了人力资源部，员工关系经理将负责调查、取证、提出初步处理意见、参与研究、反馈答复意见等工作。

3.3.2 申诉人可以选择口头申诉或书面申诉，但是不论选择哪种方式均应填写人力资源部提供的“员工申诉/答复表”作为记录。建议申诉人采取书面申诉方式以便于申诉的处理。

3.3.3 申诉人可选择下列任一对象作为申诉受理人进行申诉，如果申诉人是口头申诉，申诉受理人应提供“员工申诉/答复表”并做好记录，记录完成后应要求申诉受理人签字确认：

3.3.3.1 申诉人的直线经理。

3.3.3.2 申诉人的部门经理。

3.3.3.3 人力资源部员工关系经理。

3.3.3.4 人力资源部经理。

3.3.4 申诉人在等待处理期间应严格遵守公司相关规章制度，保证正常上班。

3.4 申诉处理的程序

3.4.1 申诉人采取书面申诉方式的应在申诉事项发生之日起10日内，到人力资源部领取“员工申诉/答复表”并尽快填写完毕，交给自己选择的申诉受理人；采取口头申诉方式的，应在申诉事项发生之日起10日内，根据本制度选择一名申诉受理人并进行申诉。

3.4.2 申诉受理人应在接收“员工申诉/答复表”时或申诉人口述申诉事项后详细分析申诉事项是否符合本制度申诉范围的要求。

3.4.2.1 如果不符合要求，应当场告知申诉人终止申诉并在“员工申诉/答复表”上注明。

3.4.2.2 如果申诉事项符合要求，申诉受理人应立即告知申诉人自己能否对申诉事项作出解答。

3.4.2.3 如果不能作出解答则应明确告知申诉人，并在“员工申诉/答复表”上写明由申诉处理程序的后一级进行解答。

3.4.3 在申诉人的直线经理和部门经理两个层面上，二者均可直接对申诉事项进行调查、处理，申诉人对处理结果满意的即可终结申诉；如果申诉人对二者的处理结果均不满意或申诉人直接向人力资源部提出申诉的，由员工关系经理负责申诉事项的调查、取证、反馈等工作。

3.4.4 任一申诉处理人员均应在10日内对申诉事项做好调查、取证等工作并得出最终结论。

3.4.4.1 如果申诉人对调查结论不满意的，可以在知道申诉结论之日起10日内提出再申诉，10日内不提出再申诉即表示申诉人接受该结论。

3.4.4.2 再申诉应按照申诉处理程序，由作出调查结论的申诉处理人员的后一级受理。但是，当申诉到达申诉处理委员会并由其作出终结时，该申诉结论为最终结论，申诉人应无条件遵守。

3.5 申诉答复

申诉处理结果做成一式三份的“员工申诉/答复表”：一份交申诉人保存；一份存申诉人个人档案；一份由人力资源部代表公司保存。

3.6 其他

（1）在整个申诉处理过程中，相关人员应保守秘密。

（2）如有泄密者，将依据相关规定进行处罚。

（3）如有对申诉人打击报复者，将根据相关规定从重处罚。

（4）申诉结论得出后，由人力资源部员工关系经理负责对结论的执行情况进行跟踪和监督。

制度04：员工纪律管理制度

1．目的

为了规范企业员工的行为，特制定本制度。

2．适用范围

适用于公司对全体员工进行纪律管理的相关事宜。

3．工作场所纪律规定

企业员工必须严格遵守下列规定：

（1）不准在工作时间内进行扑克、麻将、棋类活动。

（2）不准在厂区、单位内喝酒或酒后上岗，严禁赌博。

（3）坚守岗位，不旷工、不迟到、不早退、不脱岗、不睡岗。

（4）不准在工作时间内干私活，做与工作无关的事。

（5）不准聚众闹事、打架斗殴，不准妨碍交通及无中生有、无事生非。

（6）不准占用工作时间看电影、电视。

（7）不准骗取、伪造、涂改病休诊断书，不准开人情诊断书。

（8）必须听从上级领导的指挥、服从分配，积极完成生产工作任务。

（9）企业员工要认真履行岗位职责，认真执行岗位标准或作业标准。

4．请假规定

（1）员工休病假、事假、探亲假、婚丧假、生育假和年度休假，必须履行请假手续，经领导批准后方可离开工作岗位。

（2）员工病休必须有企业指定的医疗单位诊断证明，通勤和探亲员工因病在外地病休，只限急诊，并需有乡级以上医院的诊断证明。非住院治疗者，假期只限在3日以内。

（3）各车间要建立健全考勤制度。考勤记录要清楚，手续要完备，请假条和诊断书要符合制度要求并妥善保管好。

5．处分规定

员工违反劳动纪律，经批评教育不改的，要区分不同情况给予适当的行政处分：

（1）集体合同制员工被除名、开除、劳动教养和刑事处分的，劳动合同自行解除。

（2）员工连续旷工15日，1年内累计旷工30日，长期从事其他经营活动而未办理停薪留职的，应予以除名。对骗取、伪造、涂改病休诊断书而多休的工日按旷工处理。

（3）员工违法犯罪触犯刑律被判刑时，从判刑之日起予以开除。

（4）员工违纪不够开除条件的应根据违纪的性质和情节分别给予其他行政处分或经济处罚。

第四节　管理表格

表格01：员工纪律处分通知表

表8-1　　员工纪律处分通知表

姓名		工作证号	
职务		所属部门	
所犯错误	□擅自旷工 □屡次迟到 □工作时瞌睡 □屡次逃避工作 □工作时间赌博 □行为不检点 □故意不以适当的方法工作 □故意不服从上级或拒绝接受正当命令		
处分	类别	□警告 □停职	
	时间	由　年　月　日至　年　月　日	
重犯处分	类别	□降级 □撤职	
	时间	由　年　月　日至　年　月　日	
生效日期			
备注：			

主管：　　　　制表：　　　　制表日期：　年　月　日

表格02：劳动合同管理台账

表8-2 劳动合同管理台账

单位：

序号	编号	姓名	性别	身份证号码	第一合同期		变更、解除、终止、续订情况	第二合同期		鉴证日期	经办人	备注
					起	止		起	止			

第五节 问题解答

问题01：纪律处分时，需要注意哪些事项

在企业中，纪律处分的目的在于防止和纠正员工的违纪失职行为，保证企业目标的顺利实现。员工行为失当，受到企业处分，意味着其动机与行为受到挫折，因而可能会对处分产生逃避或抗拒心理。

如果员工受到处分后，工作情绪低落、工作绩效更不如以前、趋于消极等，是逃避心理的表现；如果员工受处分后，对管理人员表现出敌视态度、认为处分不公而提出控诉，是抗拒心理的表现。

由于对员工的处分可能产生上述心理，所以在处分时必须十分谨慎。在采取处分措施时，须注意下列因素：

1. 注意行为的原因和动机

员工表现出不法或不当行为的原因与动机，有的是值得同情与可以原谅的，有的是令人非常气愤、无法容忍的。处理时应区别对待，对情有可原的应从轻处分，对恶劣成性的应从重处罚。

2. 注意行为的目的

有的员工虽表现出不法或不当行为，但其行为的目的，有的是可嘉的（如以训斥来纠正下属的缺点），有的是不容许的（如以强制手段要下属从事不法勾当）。所表现的行为虽为同等的不法或不当，但对目的可嘉的，应从轻处分；对目的为不容许的，应从重处分。

3. 注意是否必须处分

当对不法或不当行为的原因、动机与目的深入了解后，需注意是否必须处分。一般而言，对员工采取的处分措施，需以“如不处分则将影响优良风气”为限。因为处分对员工而言毕竟是一种挫折，受挫折的员工更容易因为受挫折而产生逃避或抗拒心理。

4. 注意给予何种处分

一般来说，处分措施严不如宽。因为从宽的处分易使员工感到内疚，可减少逃避或抗拒心理，较易产生奋发的作用。如无充分理由而给予过严的处分，弊多而利少。

5. 注意如何给予处分

对员工的处分方法，可以是口头的，也可以是书面的；可以是公开的，也可以是私下的。一般来说，员工受处分并非光荣之事。因此，如以书面及公开方法处理，员工所受挫折较大；如以私下或口头方法处理，则员工所受挫折较小。因此，除为维护纪律对性质恶劣行为的处分要书面公开处理外，一般宜以口头或私下进行。希望受处分员工自己有所悔悟，知过而改即可。不需使其他员工都知道，以免增加受处分员工的挫折感。

6. 注意员工受处分的申诉

受处分的员工，如认为处分过重或认为受冤屈时，可能会向给予处分的主管或上一级主管部门提出申诉。当接受员工申诉时，在处理时必须慎重。在态度上要给予同情，在程序上不可草率，在立场上必须公正，在考虑时必须周详。

如员工所提申诉有理由，应立即撤销原有处分或减轻处分；如员工提出申诉无理，需维持原有处分，但必要时需同时改善员工的工作环境，如改调部门或调整工作任务，以免触景生情影响工作情绪。

问题02：签订劳动合同时，需要注意哪些事项

在与员工签订劳动合同时，需要注意下面几点：

（1）相关人员要学好《中华人民共和国劳动法》，并熟悉了解《中华人民共和国劳动合同法》的重要规定，如合同双方当事人的权利义务，劳动合同的签订、履行、变更、终止和解除，劳动保护和保险，法律责任等。

（2）了解对方的主体资格情况。对劳动者的年龄、文化和其他条件，对用人单位的用人资格、经营状况、信誉保障都要有所了解和确认。

（3）签订合同的条款要齐备。合同中应签订齐全完备的条款，如名称、地点、时间、劳动规则、具体工作内容和标准、劳动报酬、合同期限、违约责任、解决争议方式、签名盖章等。

（4）其他注意事项。劳动合同应符合合法、自愿、协商一致的原则；注意合同生效的必要条件和附加条件（如签证、登记）；合同至少一式两份，双方各执一份，妥善保管；双方在签订时如有纠纷，应通过合法方式解决。

问题03：如何续签劳动合同

人力资源部应在劳动合同期满前2个月召开月度人力资源工作会议进行讨论，根据劳动者年度绩效考核结果与岗位用人条件重新评估并作出是否续订的决定。

1. 发出是否续订通知

经重新评估后，人力资源部分别向符合续订劳动合同的员工发出“续订劳动合同通知书”，向决定终止其劳动合同的员工发出“终止劳动合同通知书”。

2. 根据反馈意愿分别处理

根据员工确认及反馈的意愿进行处理，如表8-3所示。

表8-3　　不同反馈意愿的处理方法

序号	反馈意愿	处理方法
1	双方当事人同意续订	（1）双方当事人协商要约和承诺，实际是对原合同条款审核后确定继续实施还是变更部分内容。 （2）按程序续签劳动合同。 （3）协商一致后，双方签字或盖章。实际操作中可以重新签一份，也可以填写续签合同单（该续签单一般附在劳动合同后面）。
2	用人单位同意续订而劳动者不同意续订	用人单位将依照《中华人民共和国劳动合同法》第四十六条第五款的规定处理，并依法为劳动者办理劳动合同终止离职手续。
3	用人单位不予续订劳动合同	在劳动合同终止之日起2日内按程序办理劳动合同终止离职手续，依照《中华人民共和国劳动合同法》第四十七条规定支付经济补偿。

问题04：怎样签订无固定期限劳动合同

无固定期限劳动合同，是指用人单位与劳动者约定无确定终止时间的劳动合同。这里所说的无确定终止时间，是指劳动合同没有一个确切的终止时间，劳动合同的期限长短不能确定，但并不是没有终止时间。

只要没有出现法律规定的条件或者双方约定的条件，双方当事人就要继续履行劳动合同规定的义务。一旦出现了法律规定的情形，无固定期限劳动合同也同样能够解除。

1. 签订无固定期限劳动合同的条件

如果满足以下三个条件，在签订第一次劳动合同期届满，可依据《劳动合同法》第十四条“用人单位与劳动者协商一致”的规定，签订无固定期限劳动合同。

（1）劳动者在该用人单位连续工作满10年的。劳动者只要在该单位连续工作满10年，就可以要求单位与其签订无固定期限劳动合同，而没有要求该10年劳动关系都要有书面劳动合同证明。

（2）用人单位初次实行劳动合同制度或者国有企业改制重新订立劳动合同时，劳动者在该用人单位连续工作满10年且距法定退休年龄不足10年的。

这里的用人单位对象一般是国有企事业单位等，在此类用人单位初次实行劳动合同制度或者国有企业改制重新订立劳动合同时，适用于该条款规定。

（3）连续订立两次固定期限劳动合同，且劳动者没有《劳动合同法》第三十九条和第四十条第一项、第二项规定的情形，续订劳动合同的。

2. 视同订立无固定期限劳动合同的情形

依据《劳动合同法》规定，用人单位自用工之日起满1年没有与劳动者签订书面劳动合同的，视为用人单位与劳动者已订立无固定期限劳动合同。

劳动者享有无固定期限劳动合同员工的优待，如《劳动合同法》第四十一条第二款规定用人单位在裁减人员时，应当优先留用的人员中就包括与本单位订立无固定期限劳动合同的劳动者。

3. 签订注意事项

劳动者在与用人单位签订无固定期限劳动合同后，并没有获得“铁饭碗”，劳动者存在《劳动合同法》第三十九条所规定的过错情形下，用人单位同样可以解除劳动合同，且无须经济补偿。同时，劳动者如果有不能胜任工作等情形或用人单位裁员的，用人单位也可以解除劳动合同。但是用人单位需注意，在裁员时，对签订无固定期限劳动合同的劳动者需优先留用。

4. 签订程序

签订程序与续订基本一样。如果员工不愿意与企业签订无固定期限劳动合同，则必须填写“不签订无固定期限劳动合同确认书”。

问题05：怎样处理劳动合同变更

劳动合同的变更，是指劳动合同依法签订后，在履行过程中，由于企业生产经营状况的变化，或者劳动者劳动、生活情况的变化等原因，经双方协商一致对原劳动合同条款进行修改或补充。

（1）可以变更劳动合同的条件：签订劳动合同时所依据的法律、法规已修改或废止；用人单位转产或调整、改变生产任务；用人单位严重亏损或发生自然灾害，确实无法履行劳动合同规定的义务；当事人双方协商同意；法律允许的其他情况。

（2）变更劳动合同必须在劳动合同有效期内进行。

(3) 必须遵循《劳动法》规定的平等自愿、协商一致的原则，不得违反法律、行政法规规定的变更原则。

(4) 必须遵循劳动合同变更的法定程序。

(5) 用人单位根据工作需要调整劳动者的工作岗位时，须与劳动者协商一致，变更劳动合同的相关内容。

(6) 变更劳动合同，只限于对劳动合同中某些内容的变更，不能对劳动合同的当事人进行变更。

(7) 变更劳动合同后，原条款不再具有法律效力，但原劳动合同的其他条款仍然有效。

问题06：怎样解除无固定期限劳动合同

无固定期限劳动合同作为合同形态的一种，可以通过三种方式予以解除，包括协商解除、法定解除和约定解除。

1. 协商解除

协商解除是指合同履行过程中，当事人经协商一致同意解除合同。《劳动法》第二十四条规定："经劳动合同当事人协商一致，劳动合同可以解除。"可见，无固定期限劳动合同不仅可以协商变更，还可以协商解除。

2. 法定解除

法定解除是指在履行合同过程中出现法定解除合同的情形，当事人有权解除合同。

表8-4　　可以法定解除无固定期限劳动合同的情形

序号	法规	具体规定情形
1	《劳动法》第二十五条规定	劳动者有下列情形之一的，用人单位可以解除劳动合同： (1) 严重违反劳动纪律或者用人单位规章制度的。 (2) 严重失职、营私舞弊、对用人单位利益造成重大损害的。 (3) 被依法追究刑事责任的。
2	《劳动法》第二十六条规定	有下列情形之一的，用人单位可以解除劳动合同，但是应当提前三十日以书面形式通知劳动者本人： (1) 劳动者患病或者非因工负伤，医疗期满后，不能从事原工作也不能从事由用人单位另行安排的工作的。 (2) 劳动者不能胜任工作，经过培训或者调整工作岗位，仍不能胜任工作的。

续表

序号	法规	具体规定情形
2	《劳动法》第二十六条规定	（3）劳动合同签订时所依据的客观情况发生重大变化，致使原劳动合同无法履行，经当事人协商不能就变更劳动合同达成协议的。
3	《劳动法》第二十七条规定	用人单位濒临破产进行法定整顿期间或者生产经营状况发生严重困难，确需裁减人员的，应当提前30日向工会或者全体职工说明情况，听取工会或者职工的意见，经向劳动行政部门报告后，可以裁减人员。用人单位依据本条规定裁减人员，在6个月内录用人员的，应当优先录用被裁减的人员。
4	《劳动法》第三十二条规定	有下列情形之一的，劳动者可以随时通知用人单位解除劳动合同： （1）用人单位以暴力、威胁或者非法限制人身自由的手段强迫劳动的。 （2）用人单位未按照劳动合同约定支付劳动报酬或者提供劳动条件的。

3. 不得解除合同

劳动者有下列情形之一的不得解除合同：

（1）患职业病或者因工负伤并被确认丧失或者部分丧失劳动能力的。

（2）患病或者负伤，在规定的医疗期内的。

（3）女职工在孕期、产期、哺乳期内的。

（4）法律、行政法规规定的其他情形，用人单位不得依据《劳动法》第二十六条、第二十七条的规定解除劳动合同。

4. 约定解除

约定解除是指在合同中约定解除合同的事项，待约定的事由出现时，当事人有权解除合同。

无固定期限劳动合同可以由当事人事先约定合同解除的条件，当条件成立时，一方或双方当事人就可以解除合同。

参考书目

[1] 谢凌玲．企业改革与管理2007（7）

[2] 洪荣昭．人力资源发展企业教育训练完全手册．台北：五南图书出版股份有限公司，2002

[3] 齐善鸿．新人力资源管理原理．深圳：海天出版社，1999

[4] 宝利嘉．如何评估和考核员工绩效．北京：中国经济出版社，2002

[5] 吴志明．员工招聘与选拔实务手册．北京：机械工业出版社，2002

[6] 国际人力资源管理研究院编委会．人力资源经理胜任素质模型．北京：机械工业出版社，2005

[7] 张德．人力资源的开发与管理．北京：清华大学出版社，1996

[8] 张一弛．人力资源管理教程．北京：北京大学出版社，1999

[9] 杨倩．员工招聘．西安：西安交通大学出版社，2006

[10] 王燕．培训管理入门．广州：广东经济出版社，2006

[11] 孙宗虎，王瑞永．人力资源管理流程设计与工作标准．北京：人民邮电出版社，2006

[12] 董克用，叶向峰．人力资源管理概论．北京：中国人民大学出版社，2003

[13] 孟庆伟．人力资源管理通用工具．北京：清华大学出版社，2007

[14] 郑晓明．人力资源管理导论．北京：机械工业出版社，2005

[15] 钱斌，刘德妍．人力资源管理理论与实务．上海：华东师范大学出版社，2006